BIBLIOTHÈQUE DES PROFESSIONS

INDUSTRIELLES, COMMERCIALES ET AGRICOLES

—

SÉRIE H

—

N° 15

TYPOGRAPHIE FIRMIN-DIDOT. — MESNIL (EURE).

BIBLIOTHÈQUE DES PROFESSIONS
INDUSTRIELLES, COMMERCIALES ET AGRICOLES

L'IMMENSE TRÉSOR DES

VIGNERONS

et des

MARCHANDS DE VINS

INDIQUANT

Des moyens inédits pour vieillir instantanément les Vins, leur enlever les mauvais goûts, même celui du terroir ; colorer les vins blancs en rouge Narbonne, etc., etc.

Par L.-F. DUBIEF

Agriculture
Jardinage

Série H
N° 15

PARIS
J. HETZEL ET Cⁱᵉ, ÉDITEURS
18, RUE JACOB, 18

BIBLIOTHÈQUE DES PROFESSIONS
INDUSTRIELLES, COMMERCIALES ET AGRICOLES

L'IMMENSE TRÉSOR DES

VIGNERONS

ET DES

MARCHANDS DE VINS

INDIQUANT

Des moyens inédits pour vieillir instantanément les vins, leur **enlever**
les mauvais goûts, même celui
du terroir ; colorer les vins blancs en rouge Narbonne, etc., etc.

Par L.-F. DUBIEF

Agriculture
Jardinage
—

Série H
Nᵒ 15

PARIS
J. HETZEL ET Cⁱᵉ, ÉDITEURS
18, RUE JACOB, 18
—

DISCOURS PRÉLIMINAIRE

Nous étant occupé longtemps du commerce des vins, nous avons été à même de reconnaître combien il est difficile de le faire avec avantage si l'on ne possède pas les connaissances nécessaires pour les apprécier, reconnaître leurs qualités et leurs défauts, et, selon le besoin, les mélanger dans des proportions convenables afin de les améliorer.

Comme aussi de les vieillir ou de les rajeunir, d'en corriger les défauts, d'en prévenir ou corriger les altérations, de reconnaître leur force spiritueuse et leurs falsifications. Enfin, établir de bons soutirages ou cuvées pour le commerce, pour le comptoir comme pour la bouteille ; empêcher leur dégénération dans les fûts en vidange, etc., etc.

C'est pour venir en aide au marchand qui ne possède pas ces connaissances que nous publions le résultat de notre expérience, voulant le mettre à même de fournir au public, toujours exigeant, des vins à bon marché et de très bonne qualité. Afin de le guider en toutes choses, nous commençons ce traité par la connaissance des vins en général et leur dégustation; les moyens de reconnaître leur force spiritueuse et leur falsification, par des moyens à la portée de tout un chacun.

Nous distinguons les vins qui peuvent se vendre en pure nature et ceux qui ne peuvent se livrer à la consommation que mélangés avec d'autres vins pour gagner en qualité, et nous disons quels vins il faut employer à cet effet, et dans quelles proportions, suivant les qualités désirées.

Nous passerons aux moyens de vieillir ou de rajeunir les vins, de les viner de manière que le vinage ne puisse se faire remarquer.

Nous continuerons en donnant les meilleures méthodes pour faire d'excellent champagne et des vins de teintes, si utiles pour colorer les vins, dont la saveur et le parfum sont des plus agréables et exempts de toute crainte d'analyse.

Nous ferons connaître encore les moyens de procurer une nouvelle fermentation à un ou plusieurs vins mélangés, afin d'en obtenir une combinaison plus parfaite et davantage de vinosité; ceux d'augmenter la quantité du vin d'un tiers en le rendant meilleur et donnant de grands bénéfices; ceux de faire d'excellents vins factices tout à fait irréprochables, pouvant bonifier certains vins ou en diminuer le prix d'achat sans en diminuer la qualité.

Ceux enfin d'améliorer les vins de lie, d'enlever tous les mauvais goûts des vins, même celui de terroir, et de tirer des lies un parti très avantageux.

Au sujet des vins de liqueurs, nous démontrerons la facilité d'en imiter les diverses sortes et qualités. Nous parlerons enfin de la conservation des vins, de leur soutirage, de leur collage et de leur mise en bouteille, toutes choses indispensables à la qualité des vins et aux intérêts du marchand.

Notre seul but, en publiant cet ouvrage, est d'être utile à une des classes les plus nombreuses et les plus intéressantes du commerce.

TRÉSOR

DES VIGNERONS

ET

DES MARCHANDS DE VINS

CHAPITRE PREMIER

De la connaissance des vins.

Le vin n'était autrefois en usage que comme médicament ; aujourd'hui, il est devenu la boisson la plus ordinaire de l'homme, comme il en est la plus variée.

Les vins vieux sont en général toniques et très sains ; ils conviennent aux estomacs débiles, aux vieillards, et dans tous les cas où il faut donner de la force ; ils nourrissent peu, parce qu'ils sont dépouillés de leurs principes vraiment nutritifs, et ne contiennent pas d'autres principes que de l'alcool.

Les vins épais sont les plus nutritifs : ceux qui sont aqueux et point sucrés sont peu nourrissants.

Les **vins** mousseux contiennent beaucoup d'acide carbonique, qui, à raison de son élasticité naturelle, soulève les molécules du vin, et tend sans cesse à s'échapper. Ces sortes de vins sont très apéritifs, et sont plutôt des vins de fantaisie que des vins alimentaires et médicamenteux. Les vins nouveaux, comme les vins mousseux, ont la propriété de déterminer plus promptement l'ivresse, à cause de la quantité d'acide carbonique dont ils sont imprégnés.

Les vins diffèrent encore essentiellement par rapport à la couleur : le rouge est, en général, plus spiritueux, plus léger, plus digestif. Le blanc fournit moins d'alcool, il est plus diurétique et plus faible ; comme il a moins cuvé, il est presque toujours plus nutritif, plus gazeux que le rouge.

Les vins diffèrent enfin de qualités et de vertus, par rapport au climat, à la culture de la vigne et à la variété dans les procédés de vinification.

Les vins se distinguent par les qualités ; les noms qu'ils prennent à raison de leur état sont ceux de :

Vin sec, c'est-à-dire qui ne laisse rien d'humide dans la bouche.

Vin gras, qui mouille la bouche et l'empâte.

Vin droit, qui est franc, sans mélange.

Vin de mère-goutte, celui qui provient du moût, qui n'a pas été exprimé après sa fermentation.

Vin de pressurage, celui qui participe du moût de raisin fermenté et exprimé.

Vin de bouche, le vin de première qualité ou celui qui ne demande à d'autres vins aucun secours pour être agréable et vineux.

Vin fumeux, celui qui abonde en acide carbonique.

Vin puissant, celui qui est chaud sur l'estomac ou trop spiritueux pour être consommé dans son état naturel.

Vin de casse-poitrine ou *casse-tête,* celui qui est pesant sur l'estomac, dur ou âpre au goût, plus tartareux qu'alcoolique.

Vin guinguet ou *plat,* celui qui a peu de force.

Vin vert ou *verdaut,* qui n'est pas encore dans sa boîte, c'est-à-dire bon à boire.

Vin de cerneaux, celui qui n'a pas encore un an.

Vin poussé, celui qui a fermenté et qui est passé à l'état d'acescence.

Vin passé, celui qui a perdu sa qualité, qui est louche, dont les principes sont désunis.

Vin gras ou *qui file,* celui qui représente une gelée plus ou moins glutineuse, ou qui, en sortant de la tasse, ne s'en détache que difficilement.

Vin de lie, celui obtenu des lies laissées en repos ou obtenu par leur pression.

Gros vin, vin haut en couleur, chargé de beaucoup de tartre et de parties extractives, dont on se sert pour donner du ton et de l'intensité à des vins faibles en couleur ou au vin blanc lui-même.

Vin de fismes ou *de teintes,* vin ayant cinq ou six couleurs, servant, comme les précédents, à donner de la couleur à d'autres vins.

On désigne encore la qualité des vins par l'âge ; ainsi, l'on dit vin d'une, deux, trois feuilles, etc., pour vin d'un, deux, trois ans, etc.

On les distingue enfin par les noms de *vin mousseux, vin fait* et *vin de liqueur* ou *sucré.* Ce que l'on nomme *vin doux* n'est pas du vin, c'est le moût ou suc de raisin nouvellement exprimé.

CHAPITRE II

—

Appréciation et dégustation des vins.

On apprécie la qualité des vins par le concours de quelques-uns de nos organes, tels que la vue, l'odorat et le goût, pour apprécier leur couleur, leur odeur et leur goût ; par les instruments de physique et de chimie pour reconnaître leurs degrés de vinosité, et par l'analyse chimique pour savoir quels sont les principes qui les constituent.

§ 1. *Appréciation des vins par nos organes.*

En réfléchissant à la sensibilité de nos organes, rien ne paraîtra plus aisé que la dégustation des vins ; cependant rien n'est plus difficile, disons même qu'elle ne donne que des présomptions auxquelles il ne convient pas toujours de s'arrêter. En effet, un consommateur peut choisir, parmi plusieurs sortes de vins vieux, celle qui convient le mieux à son goût; mais il ne saurait apprécier des vins nouveaux qu'il aurait l'intention de laisser vieillir dans sa cave. Les marchands eux-mêmes s'y trompent, et ce n'est que dans les pays vignobles que l'on rencontre des gourmets assez habiles pour distinguer et apprécier ceux des différents crus du territoire dont ils sont depuis longtemps habitués à comparer les produits; ces mêmes gourmets ne pourraient pas juger les vins d'un autre pays, car n'estimant que les qualités propres à ceux de leur canton, ils sont souvent disposés à prendre pour défauts celles qui font le mérite des autres vins. C'est ainsi que les Bordelais trouvent les vins de Bourgogne trop spiritueux; que les Bourguignons accusent les vins de Bordeaux d'être âpres et froids, et que les uns et les autres méprisent les vins du Rhin, à cause de leur goût piquant, et ceux d'Espagne et des autres pays méridionaux parce qu'ils sont doux.

Ainsi, pour bien juger un vin qu'on ne connaît pas, il faut, après s'être informé des qualités qui le font estimer, oublier toutes celles que l'on aime à rencontrer dans d'autres, et n'y chercher que le goût et le caractère qu'il doit avoir. En conséquence, nous pensons que les gourmets de chaque vignoble sont seuls capables de bien choisir les vins de leur canton, mais qu'il n'appartient qu'à l'homme habitué à en goûter de toute espèce, sans prévention, de juger du mérite de ceux de tous pays.

Disons qu'en général, les extrêmes dans la couleur des vins ne peuvent jamais être des inductions en leur faveur; s'ils sont très rouges, ils sont plus tartareux que vineux, proprement dit; s'ils sont paillés, ils ne contiennent pas assez d'extractif ni assez de principe alcoolique. Les vins, au contraire, d'une couleur rouge moyenne ont le préjugé en leur faveur.

La qualité des vins blancs peut se juger également par leur couleur : s'ils sont blancs et clairets, ils sont plus piquants et plus secs; s'ils sont gris et couleur d'œil de perdrix, ils ont subi une fermentation plus complète et sont plus savoureux.

Les vins blancs clairets sont de petits vins qui ont peu de force, et qui ne peuvent se garder que très peu de temps.

Les vins gris sont moins agréables à l'œil, mais ils sont plus faits que ceux qui précèdent; ils ont plus de degrés de légèreté, et ils conviennent mieux comme boisson alimentaire.

Les vins blancs couleur d'œil de perdrix sont les moins agréables à la vue ; mais ils ont, d'ailleurs, des qualités estimables qui les placent dans la classe des excellents vins, et qui leur méritent la préférence sur toutes les autres espèces de vins blancs. Disons, en passant, que c'est par ces précieux côtés que l'on distingue les vins blancs de Meursault, près de la ville de Beaune.

Les bonnes qualités des vins de liqueur se reconnaissent par l'odeur, par la saveur et par leur pesanteur spécifique comparée à l'eau distillée.

En se reportant au goût général des consommateurs, les vins que l'on peut classer comme étant les plus accrédités sont ceux qui proviennent des crus ci-après :

ARDÈCHE.

VINS ROUGES.
Cornas.
Saint-Joseph.

VINS BLANCS.
Saint-Péray.
Saint-Jean.

AUBE.

VINS ROUGES.
Les Riceys.
Balnot-sur-Laigne.

Avirey-Lingey.
Bagneux-la-Fosse.

BAS-RHIN.

VINS BLANCS.

Molsheim.
Wolxheim.

BASSES-PYRÉNÉES.

VINS ROUGES.	VINS BLANCS.
Jurançon.	Jurançon.
Gan.	Gan.

COTE-D'OR.

VINS ROUGES.	VINS BLANCS.
La Romanée-Conti.	Montrachet.
Chambertin.	Chevalier Montrachet.
La Pierrière.	Bâtard Montrachet.
Le Richebourg.	Les Perrières.
Musigny.	La Combotte.
Clos-Vougeot.	La Goutte-d'Or.
La Romanée-Saint-Vivant.	Les Genévrières.
La Tache.	Les Charmes.
Le clos Saint-Georges.	Le Sautenot.
— Premeau.	Le Rougeot.
— du Tart.	Meursault.
Les Porets.	
La Matroie.	

Les Bonnes-Mares.
Clos de la Roche.
     — de Bèze.
     — de Saint-Jacques.

COTE-D'OR.

VINS ROUGES.

Clos de Mazy.
     — de Veroilles.
     — de Marjot.
     — de Saint-Jean.
Vols.
Nuits.
Chambolle.
Volnay.
Pomard.
Beaune.
Morey.
Savigny.
Meursault.
Gevrey.
Chassagne.
Aloxe.
Blagny.
Santenay.
Chenôve.

DORDOGNE.

VINS ROUGES.	VINS BLANCS.
La Terrasse.	Montbassillac.
Péchermont.	Saint-Nessans.
Des Farcies.	Sancé.
Campréal.	
Sainte-Foix-des-Vignes.	

DROME.

VINS ROUGES.	VINS BLANCS.
Côte de l'Hermitage.	Côte de l'Hermitage.
Croses.	Merceurol.
Merceurol.	Die.
Gervant.	Vin de paille de l'Hermitage.

GIRONDE.

VINS ROUGES.	VINS BLANCS.
Clos de Laffitte.	Saint-Bris.
— Latour.	Carbonieux.
— Château-Margaux.	Pontac.
— Haut-Brion.	Sauternes.
— Rosan.	Barsac.
— Gorse.	Preignac.
— Léoville.	Beaumes.
— Larose.	Langon.
— Brane-Mouton.	Cérons.
— Pichon-Longueville.	Pujols.
— Calon.	Hats.

Les premiers crus de :
Pauillac.
Pessac.
Saint-Estèphe.
Saint-Julien.
Castelnau de Médoc.
Cantenac.
Talence.
Côtes de Canon.

Landiras.
Virlade.
Sainte-Croix-du-Mont.
Loupiac.

HÉRAULT.

VINS ROUGES.

Chuselan.
Tavel.
Saint-Geniès.
Lirac.
Ledelon.
Saint-Laurent-des-Arbres.
Cante-Perdrix.

VINS DE LIQUEURS.

Frontignan.
Lunel.
Marseillan.
Pommerols.
Maraussan.

HAUT-RHIN.

VINS BLANCS.

Guebwiller.
Turkeim.
Riquewihr.
Ribeauvillé.
Rufat.
Pfasseinhein.

Engwiller.
Ingenheim.
Thann.
Bergholtz-Zell.
Katzthal.
Kaysersberg.
Sigolsheim.
Mittelwihr.
Hunawihr.
Ammerschwihr.
Hientzheim.
Babetheim.
Vins de liqueurs dits de paille.

JURA.

VINS BLANCS.

Arbois.
Château-Châlon.
Pupillin.
L'Étoile.
Quintigny.

LANDES.

VINS ROUGES.

Cap Breton.
Soustons.
Messange.
Vieux-Boucaud.

LOIRE.

VIN BLANC.

Château-Grillet.

LOT-ET-GARONNE.

VINS BLANCS.

Clairac.
Buzet.

MARNE.

VINS ROUGES.	VINS BLANCS.
Verzy.	Le Closet.
Versenay.	Sillery.
Mailly.	Aï.
Saint-Basle.	Mareuil.
Bousy.	Hautvillers.
Clos Saint-Thierry.	Pierry.
	Dissy.
	Cramant.
	Avize.
	Oger.
	Le Mesnil.
	Épernay.
	Taizy.
	Ludes.
	Chigny.
	Villers-Alleraud.
	Cumières.

PYRÉNÉES-ORIENTALES.

VINS ROUGES.

Bagnols.
Coperons.
Collioure.
Torsenilla.
Terrats.

VIN DE LIQUEURS.

Rivesaltes.

RHONE.

VINS ROUGES.

Côte-Rôtie.
Vérinay.

VIN BLANC.

Condrieux.

SAONE-ET-LOIRE.

VINS ROUGES.

Moulin-à-Vent.
Thorins.
Chenas.
Fleury.
Romanèche.
La Chapelle-Guinchet.
Mercurey.
Givry.

VINS BLANCS.

Pouilly.
Fuissey.
Solutré.
Chaintré.

VAUCLUSE.

VINS ROUGES.

Coteau-Brûlé.
Clos de la Berthe.
— de Saint-Patrice.

YONNE.

VINS ROUGES.	VINS BLANCS.
Côtes des Olivettes.	Vaumorillon.
— de Pytois.	Les Grisées.
— de Perrière.	Le Clos.
— des Préaux.	Valmur.
— de la Chaînette.	Grenouille.
— de Migraine.	Bouguerau.
— de Clairion.	Mont-de-Milieu.
— de Boivins.	Chablis.
Quétard.	
Pied-de-Rat.	
Chopette.	
Judas.	
Rosoir.	
Irancy.	
Coulanges.	

Nous avons dit que, dans l'examen d'un vin, trois de nos sens sont à consulter. Par l'organe de la vue, on aperçoit si la couleur du vin est ou foncée, moyenne ou légère, paillée ou pâle. L'œil, habitué à voir du vin, distingue assez bien si la couleur en est homogène, naturelle ou empruntée. C'est surtout dans une tasse d'argent bien brillante que le reflet de la couleur du vin vient frapper la cornée avec plus d'intensité.

Par l'odorat, on distingue l'arome du vin et ce mode d'examen devient un indicateur rarement infidèle pour quiconque est doué d'une extrême sensibilité dans cet organe.

L'organe du goût, bien exercé, est celui des trois sens qui trompe le moins. Lorsque le vin est naturel, les principes qui le constituent forment un tout parfaitement homogène qui imprime une sensation unique sur la langue et sur la voûte du palais ; tandis que lorsqu'il est le produit d'un mélange, il n'y a qu'une simple union entre les molécules, et non une combinaison intime. En maintenant ce vin entre la langue et le palais pendant un certain temps, la chaleur de la bouche raréfie les corps les plus légers ou les plus volatils, et les rend sensibles à la voûte du palais, tandis que la partie extractive empâte la partie inférieure de la bouche ; et si le vin est aqueux, on éprouve une sensation fade qui annonce la présence de l'eau.

Mais, ainsi que nous l'avons déjà dit, ces premiers essais de l'analyse naturelle ne peuvent convenir que très imparfaitement lorsque l'on a quelques motifs pour suspecter la qualité des vins ; dans pareille occurrence il faut donc avoir recours, pour son examen, aux instruments de physique et à l'analyse ; c'est ce que nous allons entreprendre de faire connaître.

§ 2. *Appréciation des vins par les instruments de physique.*

Le thermomètre et l'œnomètre ou pèse-vin sont des instruments de physique trop connus pour en faire la description, et dont l'usage est d'autant plus facile qu'ils sont très sensibles.

Si l'on plonge un thermomètre à bain dans du vin, quelle que soit la température de l'atmosphère dans laquelle soit placé le vase qui contient ce vin, le mercure ou l'alcool, destinés dans cet instrument à marquer le degré de température du fluide ou du vin dans lequel il plonge, s'élèvera ou s'abaissera conformément à la température qui appartient au liquide.

Or, on sait que les liquides ont une température plus ou moins haute, selon leur densité ou leur légèreté ; plus la liqueur du thermomètre s'élèvera, plus le vin sera réputé contenir d'alcool. Le cas contraire désignera une moindre quantité. Cette expérience doit être faite comparativement avec de l'eau comme liquide régulateur et comparateur invariable.

Parmi les instruments de physique, il en existe un autre auquel le commerce a longtemps donné la préférence, connu sous le nom d'œnomètre ou pèse-vin, semblable, quant à la forme, au pèse-esprit.

L'œnomètre, plongé dans l'eau, donne 0 ; plongé dans le vin, il marque depuis zéro jusqu'à 7 degrés au-dessus ; il peut aller jusqu'à 8. Les vins les plus ordinaires marquent 2 degrés 1/2 au-dessus de 0 ; lorsqu'ils marquent 4, 5 et 6 degrés de légèreté, on peut les réputer vins généreux ou de bonne qualité.

Mais comment conseiller l'usage d'un instrument aussi sensible? Ne sait-on pas que les vins diffèrent de qualité et varient dans quelques-uns de leurs principes constituants? Dès lors, comment se rendre compte de la légèreté d'un vin altéré, par exemple, ou devantage chargé de tartre, substance saline que contiennent tous les vins? N'est-ce d'ailleurs pas un fait certain que le tartre et les parties sucrées sont en opposition directe avec l'effet du principe spiritueux? celui-ci tendant à dilater et rendre le vin plus léger, permet à l'œnomètre de s'y enfoncer jusqu'au degré de la légèreté qu'il possède. Le tar-tre, la matière sucrée, au contraire, resserrent la liqueur, la rendent plus pesante, et s'opposent d'autant à la pénétration de l'œnomètre qu'ils y sont en plus grande quantité.

Il résulte de la vérité de ces faits que le vin qui contiendrait en même temps 15 pour cent d'alcool et 15 pour cent de tartre, ou si on l'aime mieux, autant d'alcool que de tartre, ne donnerait aucune preuve à l'œnomètre. Cependant, il ne posséderait pas moins les 15 pour cent d'alcool.

Enfin, dans un autre cas, si le vin est gazeux, l'œnomètre sera infidèle, à raison de l'élasticité naturelle du gaz, qui, soulevant les molécules du vin, le rendra plus léger.

Reconnaissons que ce second mode d'examen, par les instruments de physique, ne peut pas suffire encore pour asseoir un jugement décisif, et disons que le seul moyen vrai pour savoir la force réelle du vin, quels que soient les principes qui le constituent ou le degré de son altération, est sa distillation, opération que nous avons rendue des plus faciles, et mise à la portée de toutes les intelligences à l'aide d'un alcoolomètre de notre invention [1].

---

[1] Cet instrument, que nous nommons alcoolomètre de Dubief, n'est autre qu'un petit alambic réunissant dans un seul tenant de forme cylindrique de 9 centimètres de diamètre sur 25 environ de

§ 3. *De l'examen chimique du vin.*

Nous aurions voulu nous dispenser, dans notre ouvrage, de parler de l'examen chimique du vin, parce que c'est faire de la science; mais sachant à combien de conséquences fâcheuses s'expose celui qui débite au public des vins falsifiés, nous croyons de notre devoir de l'initier dans cette opération, afin de l'en mettre à l'abri; nous allons donc le

hauteur (ce qui le rend très portatif) les trois pièces de chauffage, de distillation et de condensation. Il ne laisse échapper aucune vapeur ni écoulement d'eau et s'ouvre par le milieu comme une tabatière.

A l'aide de ce petit appareil, qui permet de distiller beaucoup moins qu'un verre de vin, la distillation s'opère en quelques minutes, ce qui le rend indispensable :

Au négociant, pour apprécier la valeur alcoolique des vins et reconnaître si les livraisons lui sont faites avec loyauté.

Au brûleur, pour reconnaître la valeur exacte des vins qu'on lui propose et le fixer par avance sur les bénéfices que lui donnera le vin de tel pays ou de tel propriétaire.

Au distillateur, pour savoir à l'avance le rendement de ses cuves de fermentation.

Au vinaigrier, pour l'aider à choisir ceux des vins qui sont les plus vineux, et lui démontrer les progrès et la finition de leur acétification.

Ayant cessé de faire fonctionner ces petits appareils d'essais, nous recommandons à nos lecteurs celui de **M.** Salleron, dont le dessin est représenté dans cet ouvrage, et comme étant le plus parfait pour reconnaître non seulement la richesse alcoolique des vins, mais encore celle de tous les liquides fermentés quels qu'ils soient, même des liqueurs alcooliques.

lui faire connaître de manière à ce que, dans un moment de doute dans ses acquisitions, il puisse opérer aussi bien que nous le ferions nous-même.

L'examen du vin peut s'opérer par les réactifs ou par l'intermédiaire du calorique, autrement dit par la chaleur.

Examen par les réactifs. On doit donner la priorité au mode d'analyse par les réactifs, parce qu'il sert à faire reconnaître spontanément si la couleur du vin est naturelle ou factice, et s'il contient des corps qui sont étrangers à ses autres principes.

On emploie à l'effet de reconnaître si la couleur du vin rouge est naturelle ou factice, *la potasse en liqueur oxygénée.* Si l'on verse quelques gouttes de cette liqueur sur du vin même étendu d'eau, la couleur du vin n'éprouve aucun changement si elle est naturelle ; si, au contraire, elle est factice, elle devient pourpre à l'instant même. Cette liqueur d'essai sert comme d'une pierre de touche certaine.

Ou bien encore on verse quelques gouttes de sulfate d'alumine (alun), en dissolution dans de l'eau distillée sur du vin étendu d'eau distillée, ensuite on précipite la terre alumineuse par la potasse.

Les deux moyens dont nous venons de donner connaissance étant du ressort plutôt des chimistes que des commerçants en vins, nous allons conseiller à ces derniers, pour arriver au même but, l'emploi d'un des alcalis suivants :

La *potasse* rouge ou blanche en dissolution dans un peu d'eau, puis filtrée, du *sel de soude* également dissous, ou de *l'alcali volatil* sans y ajouter d'eau.

Quel que soit le réactif ci-dessus employé ou précédemment cité, l'effet sur le vin est le même. C'est-à-dire que, si la couleur du vin lui est propre, sa nuance passera spontanément du vert bien clair au vert le plus foncé, tandis que, si la couleur lui a été communiquée par une substance étrangère, ce n'est plus la couleur verte qui apparaîtra, mais des nuances opposées.

Ainsi, les vins colorés avec le tournesol se troublent et donnent un précipité violet clair ;

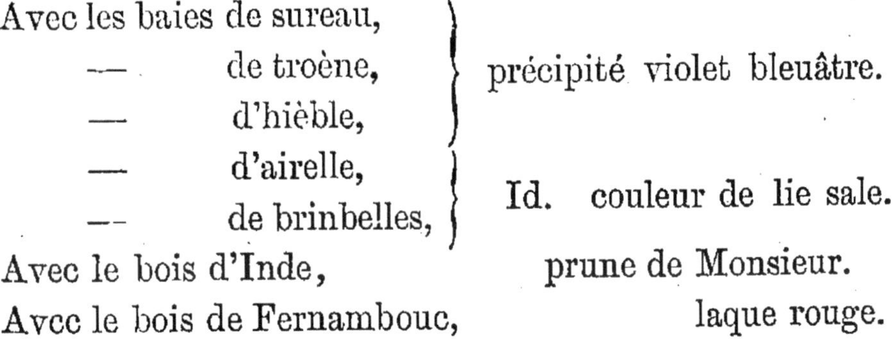

Avec les baies de sureau,
    —   de troène,
    —   d'hièble,   précipité violet bleuâtre.

    —   d'airelle,
    —   de brinbelles,   Id. couleur de lie sale.

Avec le bois d'Inde,   prune de Monsieur.
Avec le bois de Fernambouc,   laque rouge.

Donc, toutes les fois qu'un des alcalis ci-dessus énumérés, uni au vin, ne lui rendra pas la couleur vert bouteille plus ou moins prononcée, suivant la coloration naturelle du vin, on peut affirmer que le vin a été coloré artificiellement.

Voilà pour la couleur.

Mais, s'il s'agit de reconnaître la présence de certains corps étrangers aux principes du vin, employons :

La barite, qui décèle la présence de l'acide sulfurique. Quelquefois les marchands qui donnent à boire chez eux ajoutent au vin du sulfate d'alumine, dans l'intention de procurer de l'altération aux buveurs ou pour écouler des vins trop mous ou trop fades.

L'acide oxalique, qui décèle la présence de la chaux. C'est avec celle-ci que les commerçants corrigent l'âpreté de l'acide malique et la saveur du vinaigre.

Les acides minéraux, particulièrement *l'acide sulfurique,* qui découvre la potasse et chasse l'acide acétique ; la potasse est souvent employée pour les vins qui tirent à l'aigre.

Le muriate calcaire, qui forme un muriate de potasse et laisse précipiter la chaux.

Le sulfure de potasse arseniqué ;

Le sulfure d'ammoniaque arseniqué ;

L'hydro-sulfure de potasse (foie de soufre);

Le gaz hydrogène sulfuré, l'orpiment ou réalgar, décèlent la présence du plomb à l'état d'oxyde ou litharge, par la propriété qu'ils ont de le précipiter en noir. Nous observerons, à ce sujet, que ce phénomène n'est pas toujours concluant, que souvent la teinte noire du précipité a lieu sans la présence des oxydes de plomb dans le vin, et qu'il suffit pour cela que le vin soit très foncé en couleur, ou qu'il contienne du fer.

On avait donc besoin de trouver un agent qui ne fît découvrir dans le vin que ce qui est nuisible à la santé ; et c'est ce que fait le moyen suivant qui précipite le *plomb* et le *cuivre* en noir, l'*arsenic* en orange, mais qui ne précipite pas le *fer,* métal du reste innocent et même salutaire à la constitution humaine, qui s'introduit dans un grand nombre de vins de différentes sortes, naturellement et par divers accidents.

On prend d'abord parties égales d'écailles d'huîtres réduites en poudre fine et de soufre cru, et on met ce mélange dans un creuset que l'on chauffe jusqu'au blanc ; quand la masse est refroidie, on la réduit en poudre ; ensuite on met 12 grammes de cette poudre et 18 grammes de crême de tartre dans un litre d'eau, que l'on fait bouillir très doucement pendant une heure environ ; après refroidissement et éclaircissement, on tire à clair dans une bouteille, on y ajoute cinq grammes d'esprit de sel, on remue la bouteille et on la tient toujours bouchée. Une partie de cette liqueur, mêlée avec deux parties au plus de vin, découvrira, par un précipité noir très sensible, la plus petite quantité de cuivre ou de plomb, etc., mais n'aura aucun effet sur le fer que le vin peut contenir. Quand le dépôt des matières étrangères est fait, on peut découvrir le fer en saturant ce qui reste de vin d'un peu de carbonate de potasse, *sel de tartre,* qui fait devenir sur-le-champ la liqueur noire. Les vins bien purs restent parfaitement clairs après l'addition de cette liqueur.

Disons, en passant, que les commerçants, à la grande satisfaction des consommateurs, n'emploient plus de litharge ni d'extrait de saturne pour corriger l'acidité ou âpreté de leurs vins, depuis qu'ils savent que ces toxiques sont dangereux et que la *chaux* ou la *potasse* peuvent leur être substituées très avantageusement et sans danger.

§ 4. *Examen du vin par le calorique.*

L'examen du vin par le calorique, c'est-à-dire par la chaleur, a pour objet de désunir tous les principes qui le constituent, de les distinguer et d'en reconnaître les quantités : cette connaissance étant tout à fait indispensable au commerçant, nous pensons devoir la lui décrire.

On procède d'abord par la distillation du vin pour reconnaître la quantité d'alcool dont il est composé; d'autre part, on verse du vin naturel et du vin soupçonné de falsification dans des capsules placées sur un feu doux, ou, plutôt, sur un bain de sable ou au bain-marie. Si, pendant l'évaporation, qui est lente, la partie colorante ne se sépare pas du vin, elle est naturelle; si, au contraire, elle se désunit, elle est factice. Les vins arrivant à la consistance sirupeuse, on couvre les capsules et on laisse refroidir. Voilà donc pour la force spiritueuse et pour la couleur. Passons aux autres principes.

Pendant le repos des vins, évaporés ainsi que nous venons de le dire, l'acide tartareux se dépose en cristaux au fond des capsules dans des proportions qui lui sont relatives, par conséquent variables suivant la nature des vins employés.

Et, si le vin que l'on analyse est allongé avec du cidre ou du poiré, il déposera de même de l'acide tartareux; mais la matière extractive ou le liquide surnageant, au lieu d'avoir une saveur âpre, aura une saveur acide très piquante.

On sépare la liqueur surnageante, on lave les cristaux de tartre avec de l'eau distillée, autant que possible. Après un nouveau repos, on décante l'eau surnageant les cristaux, on la réunit à la matière extractive mise de côté, on fait évaporer à moitié, et on laisse en repos pour obtenir de nouveaux cristaux; et si on répète deux fois cette même opération, on obtient tout le tartre contenu dans le vin; alors on fait évaporer les résidus jusqu'à siccité, le produit qui reste dans les capsules se nomme extrait. Si, pendant cette dernière opération d'évaporation, le liquide se boursouffle, on a l'indice que le vin a reçu un mélange de cidre.

Si au boursoufflement du liquide une odeur de sucre brûlé se répand, c'est une indication que le vin a été mélangé avec quelque vin factice mal fermenté ou des matières sucrées.

Dans ces différents cas, les produits en tartre et

en extrait sont moindres que ceux obtenus dans les vins en pure nature ; et il en est de même lorsque le vin a été mouillé d'une certaine quantité d'eau, toutes circonstances qui donnent lieu à la saisie des vins lorsqu'elles sont remarquées par les dégustateurs préposés par le gouvernement.

Pour reconnaître si la partie colorante est naturelle, on soumet les résidus ou extraits à l'action de l'alcool, et on remarque la différence qu'il y a dans le ton de la couleur de l'un et de l'autre extrait et celle qui existe dans la quantité des résidus.

Si, encore, l'on fait évaporer le vin à siccité, sans en séparer le tartre qu'il peut contenir, c'est-à-dire tel quel, le vin naturel offrira une saveur rigide, âpre ; le vin allongé avec du poiré ou du cidre aura, au contraire, une transparence vitreuse et une saveur acide.

Si l'on soupçonne la présence du plomb, on fera entrer en fusion le résidu sec, en l'exposant dans un creuset à l'action d'un feu convenable, et en couvrant le creuset lors de la fusion pour le laisser refroidir ; le métal, s'il y en a, se présentera en petits globules.

La combustion des deux résidus secs, mis sur des charbons ardents, exhale une fumée dont l'odeur est bien différente. Celle du vin naturel est pénétrante et d'une odeur vineuse désagréable; celle du vin allongé avec du cidre ou du poiré est analogue à l'odeur de sucre brûlé.

Résumé des divers moyens d'analyse du vin.

1° L'examen des vins par le concours des *sens* ne donne que des présomptions auxquelles on ne doit s'arrêter que lorsque ces vins ne sont pas suspectés de nocuité dans leur usage et pour leur assigner une valeur pécuniaire.

2° L'instrument connu sous le nom de thermomètre ne donne que de légers indices de la qualité des vins.

3° L'œnomètre ou oinomètre, ou pèse-vin, indique leurs degrés de légèreté spécifique. Cet instrument serait sans doute commode pour apprécier la quantité d'alcool qui existe dans le vin si la présence du tartre et celle des matières extractives n'étaient pas des obstacles à cet usage, ou si, quelquefois, la légèreté du vin n'était pas due à la présence du gaz acide carbonique.

4° Les réactifs servent à faire connaître si la couleur des vins est naturelle ou factice et s'ils contiennent des corps étrangers, soit plomb, cuivre, potasse et autres.

5° L'analyse par le calorique est le complétement de l'analyse des vins ; elle doit se faire, par comparaison, avec des vins de la qualité et de la fidélité desquels on est sûr ; et, encore, par comparaison, avec des vins que l'on soupçonne être mélangés, allongés et colorés par approximation, pour prononcer affirmativement.

6° La distillation et l'évaporation servent à présenter des données exactes sur les quantités respectives de l'alcool et des matières extractives sèches contenues dans les vins ; mais elles ne servent pas à découvrir l'addition de l'alcool dans un vin naturel ou factice, ainsi que le prétendaient nos anciens ; attendu qu'aucun genre d'analyse ne peut confirmer ce doute, l'alcool additionné ayant autant d'affinité pour l'eau et les autres principes du vin que l'alcool qui lui est propre ; il résulte que les deux alcools ne forment qu'un seul corps homogène.

Les organes des sens peuvent seuls prononcer si l'alcool appartient ou non au vin, mais ce n'est qu'au moment de son addition et peut-être pendant encore quelques semaines ; encore faut-il que cette addition soit faite avec de l'alcool autre que celui du

vin, et, dans ce cas-là, ce n'est pas l'alcool addi
tionné qui domine, mais l'odeur qui lui est inhé
rente.

7° L'évaporation dans les capsules décèle la colo
ration factice, indique les quantités de tartre, de
matière extractive et la nature de cet extractif.

8° La combustion de l'extrait sec décèle l'absence
ou la présence du poiré ou du cidre.

9° La fusion de l'extrait du vin décèle la quan
tité de plomb contenue dans le vin.

10° L'extrait sec du vin soumis à l'action de l'al
cool donne la mesure de son principe colorant et
décèle la couleur procurée artificiellement.

Nous savons apprécier la qualité des vins, recon
naître leur force spiritueuse, et nous possédons les
moyens de reconnaître s'ils sont falsifiés; passons
à leurs distinctions.

CHAPITRE III

De la Coloration des vins.

Que les vins soient rouges ou blancs, nous les distinguons chacun en deux classes. Dans la première classe, nous admettons tous ceux qui, par leur nature spéciale, plaisent aux consommateurs tels qu'ils sortent de la cuve de fermentation ; dans la deuxième classe, ceux qui ne deviennent convenables qu'autant qu'ils ont été mélangés avec d'autres vins, soit plus riches, soit plus pauvres. Ainsi, sont compris dans la première classe les vins du Bordelais, de la Bourgogne, de la Champagne, de la Côte-d'Or, du Gâtinais, de l'Orléanais et autres lieux dont la dénomination serait très longue à énumérer, et comme deuxième classe, les vins de Bandol, Cahors, Saint-Christol, Gaillac, Narbonne, Roussillon, et généralement tous les vins noirs, épais et très riches en couleur, et ceux dont le goût de terroir est trop prononcé.

Bien que les vins dits de première classe puissent être livrés à la consommation tels que le raisin ou la cuve de fermentation les ont produits, cependant il est des circonstances où leur qualité a besoin d'être augmentée ; nous donnerons plus loin les moyens d'y parvenir.

CHAPITRE IV

Du mélange ou coupage des vins.

Le coupage des vins a en général pour but de compenser des défauts ou des qualités contraires. Ainsi on mélange des vins noirs avec des vins trop peu colorés ou avec des vins blancs ; des vins légers, ou de peu de garde, avec des vins corsés qui assurent leur conservation ; des vins très alcooliques, mais lourds et pâteux, avec des vins vifs et légers, etc.

Ces mélanges, lorsqu'ils sont bien assortis et faits dans les proportions convenables, produisent toujours des vins meilleurs que chacun de ceux qui ont servi à les composer. Ces vins sont aussi salubres que ceux dits *naturels* de même classe, et souvent ils sont plus agréables.

L'art de couper les vins, de les corriger les uns par les autres est, comme on le voit, fort difficile.

Ce n'est pas seulement l'œil, le goût et l'odorat qu'il faut consulter, mais encore les goûts des consommateurs ; aussi ne pouvons-nous présenter ici que des données générales.

Si l'on coupe les vins trop colorés avec des vins qui manquent de couleur ou des vins blancs dans la proportion nécessaire, on les amène au ton de couleur et de qualité désirées.

Les vins du Midi, chargés et épais, lorsqu'ils sont mêlés avec du vin blanc provenant d'un sol léger et crayeux, prennent une couleur vive et brillante, et il en résulte un fort bon vin.

Si aux vins ordinaires qui ont une verdeur, même du goût de terroir, on mêle du vin blanc bien franc et encore doux, on en fait un fort bon vin ; si encore on mêle du vin du Midi, net de goût à un vin raide ou vert, on a pour résultat une qualité de vin possédant beaucoup de fraîcheur.

Quelques brocs de vin vieux de deux ou trois ans sur du vin qui vieillarde, lui redonnent le nerf et la fraîcheur qu'il a perdus ; il en est de même des vins qui commencent à passer à l'amertume.

Des vins rouges très colorés et des vins blancs passés au jaune, mêlés ensemble, deviennent plus agréables et bien meilleurs.

Le coupage des vins ne contribue pas seulement à leur amélioration et à leur conservation, mais il contribue encore à la possibilité de leur transport dans des régions lointaines ; c'est ainsi que, dans le Mâconnais, pour procurer ces qualités aux vins de Thorins, on mêle avec le Chénas ou le Romanèche, et que le Chartose, coupé avec du Madiran, vin des Pyrénées, qui a plus de corps et plus de force, fournit un vin fort estimé dans le Nord.

Les Bordelais corrigent souvent l'âpreté de leurs vins rouges avec de l'Hermitage et les colorent avec ceux de Cahors, ceux du Gard et ceux de l'Hérault ; mais ils ne font ces mélanges que quand les vins sont encore nouveaux, attendu que, réunis ensemble, ils éprouvent une continuation de fermentation insensible qui se termine par la fusion complète de ces différents vins et donne naissance à un vin fin de bonne qualité, vendu généralement pour du Médoc.

On doit voir, par ce qui précède, que les vins à adopter et leur proportion, doivent varier dans les mélanges en raison de leurs qualités, mais même suivant le goût des consommateurs.

A Paris, on préfère, sur le comptoir, un vin épais et capiteux à un vin léger et agréable.

Le goût des Anglais n'est pas le même que celui
des Russes, et celui des Russes n'est pas non plus
celui des Allemands ; aussi le commerçant a-t-il été
obligé, pour satisfaire à tous les goûts d'étudier par
tous les moyens le mélange et la combinaison des
vins, et, par suite de persévérance, il est arrivé à
procurer au vin, soit pur ou mélangé, une puissance
de force et de qualité qu'il n'avait pas ; un de ces
moyens consiste à ajouter depuis deux jusqu'à cinq
litres d'alcool, et même quelquefois plus, par bar-
rique de vin de bonne qualité, de provoquer la fermentation à vaisseaux clos en ajoutant deux litres
environ de vin muet. Nous avons remarqué, de notre côté, que cette opération réussit d'autant mieux
que le vin est plus jeune ou qu'il contient encore
des principes sucrés ; de même qu'elle déterminait
mieux la combinaison du coupage de plusieurs vins,
principalement quand les gros vins du Midi et ceux
ayant un goût prononcé de terroir formaient la
plus grande partie du mélange.

Dans le Midi, on emploie au coupage les vins
d'Alicante et de Bernicarlos, ceux de l' Hermitage,
du Roussillon, de Gaillac et les vins noirs.

En Bourgogne, lorsqu'il n'y a qu'une demi-ré-
colte, on ne comble pas, mais on pourrait combler

le déficit par un mélange à partie égale des vins de Tavel, Cher, Roussillon ou Narbonne et vin blanc de l'Yonne, plus une suffisante quantité d'eau pour réduire la force vineuse du mélange à celle du vin du pays.

Ces vins une fois réunis, ne tardent pas à éprouver une continuation de fermentation insensible qui homogénie les principes et dont la conséquence est un vin irréprochable pouvant passer pour d'excellent Bourgogne ; c'est ce que des expériences plusieurs fois répétées nous ont prouvé.

Dans le Nord, surtout à Paris, le pays des mélanges, on emploie les vins très chargés en couleur, que l'on tire du Roussillon, du bas Languedoc, du Lot, de l'Allier, du Puy-de-Dôme, de Loir-et-Cher, du Cher, etc., et les vins blancs d'Indre-et-Loire, de l'Aisne, de l'Anjou et autres lieux.

Ainsi, pour un vin de *première qualité*, destiné au comptoir, on emploie :

Vins du Cher. . . . . 1 pièce.
  — de Marseille. 1   id.
  — de Bordeaux blanc, d'Anjou ou Vouvray. 1   id.
  — de Roussillon. . . . . 3 brocs.

Pour un autre de *deuxième qualité :*

Vins de Touraine . . . .   1 pièce.
    ou dé Bourgogne . . . .   1 d.-muid.
    — de Saint-Gille, de Narbonne, ou
        mieux de Roussillon . . . .   3 brocs.

Pour un vin *ordinaire*, on peut employer :

Vins de Roussillon . . . .   1 pièce.
    — de Bourgogne . . . .   2 feuillettes.
Eau de rivière ou de pluie . . . .   1 pièce.
Alcool, bon goût . . . .   5 litres.
Bon vinaigre . . . .   1 id.
Acide tartrique, de 4 à . . . .   500 grammes.
Tannin   50   id.

Quand le vin a trop de couleur, on doit remplacer celui de Bourgogne en tout ou partie par du vin blanc sec.

Préparation. — Dissoudre l'acide tartrique dans l'eau, ajouter le vin de Roussillon et le vinaigre, remuer pour que l'acide tartrique puisse plus facilement faire virer la nuance du vin de Roussillon à un rouge plus vif ; réunir ensuite au mélange le tannin dissous dans l'alcool, puis l'autre vin ; enfin, après huit à quinze jours de combinaison, coller. Le vin, au bout d'un mois, est satisfaisant, car il a pour lui d'être assez franc de goût et de couleur, et d'être encore assez vineux.

Si nous conseillons d'attendre un mois et plus, c'est parce que la fusion complète de l'alcool, de l'eau et du vin ne peut s'opérer instantanément, et qu'une fois opérée, cette fusion produit le même effet que si la nature eût elle-même donné au vin le principe spiritueux.

Autre pour vin à la bouteille :

Vin vieux de Bourgogne. . . . .   1 feuillette.
—   d'Anjou ou Vouvray . . . .   2 brocs.
—   de Tavel.   2   id.
—   de Roussillon, quantité suffisante
      pour communiquer au vin une
      teinte rouge dorée, et coller.

Principes à observer

POUR LES COUPAGES ET LES MÉLANGES DES VINS.

Pour conserver au vin son cachet de naissance, le mélange des vins doit se faire de vignoble à vignoble, de contrée à contrée ; sans cette attention, on court le risque d'avoir un vin n'ayant le goût d'aucun cru, circonstance insignifiante, il est vrai, pour le consommateur qui le trouve bon, mais qui néanmoins lui jette une défaveur auprès des véritables connaisseurs.

Presque partout, on a l'habitude de livrer à la consommation les vins mélangés aussitôt qu'ils sont faits ; c'est une grande faute, car bien qu'on les colle d'ordinaire, les éléments du mélange ne sont pas liés intimement ; voilà d'où vient la prévention contre les mélanges, et cela doit en être ainsi ; car à ce moment un palais tant soit peu exercé peut reconnaître facilement la saveur particulière à chaque espèce de vins composant le mélange ; tandis que le mélange fait, ne le collant pas, mais attendant du temps l'effet des réactions des principes de chaque vin et leur combinaison, ensuite l'éclaircissement naturel, on obtient un vin homogène dans sa constitution, et qui est de beaucoup préférable pour la qualité, la couleur et la bonne conservation ; qualités qui s'augmentent encore si l'on soutire le vin de dessus son dépôt inévitable, provenant de la réaction des principes de chaque vin les uns sur les autres et formant ensuite une multitude de parties hétérogènes, comme sels, ferment, parties colorantes, insolubles.

D'ordinaire, un mois d'attente suffit pour que la combinaison d'un mélange s'opère complètement ; il est cependant des vins qui ne se combinent pas aussi promptement, comme il en est d'autres qui résistent à toute combinaison et dont le mélange laisse toujours apercevoir la saveur particulière des vins; c'est principalement dans ces circonstances qu'il faut avoir recours à ce que nous avons dit page 40.

Lorsqu'un vin provient d'un cru distingué, et que surtout il tire son principal mérite de son bouquet, on ne doit pas le mélanger, ce serait commettre un meurtre, à moins qu'il ne se détériore ou que, trop faible de vinosité, il ait une prédisposition à s'altérer; alors, pour lui conserver sa nature, on doit le mélanger avec un vin de même cru ou d'un cru voisin qui ait le même bouquet, mais qui soit plus corsé ou plus généreux.

De même, il est très important d'avoir égard à la constitution particulière des vins, lorsqu'on opère des mélanges.

Ainsi, un vin vieux ne doit point se mélanger avec un vin qui serait nouveau, un pareil mélange donnerait lieu au changement de couleur du vin vieux, en même temps qu'il détruirait, en moins de quinze jours, non seulement son bouquet, mais encore sa saveur de vieillesse, laquelle se trouverait rongée, si nous pouvons nous servir de ce mot, et l'ensemble ne présenterait plus qu'un vin nouveau n'ayant pour seul avantage qu'un peu plus de finesse.

Quand un vin vieux a besoin d'être mélangé, soit pour cause de vieillesse ou de faiblesse, on doit opérer le mélange avec un vin d'au moins deux années plus jeune et qui soit encore ferme et surtout généreux; si l'on n'a que des vins de l'année, on en emploiera, mais dans des proportions excessivement modérées.

Il est facile de concevoir que si l'on mélange des vins vieux, les principes des uns et des autres sont également fondus, également homogènes, et qu'il résulte de leur union une supériorité de qualité, tandis qu'en employant des vins nouveaux avec excès, on introduit des éléments d'une autre nature; alors l'équilibre étant rompu, il en résulte une action réciproque en grande défaveur pour le vin vieux.

Les vins verts, revêches, se mêlent parfaitement avec les gros vins du Midi, mais ici, ainsi que nous l'avons dit plus haut, on ne doit mêler les vins jeunes qu'avec les vins jeunes; le mélange ainsi fait se trouvant sous l'influence d'une fermentation incessante, le vin du Midi perd bientôt son doucereux, sa couleur devient d'un rouge plus ou moins vif, de pourpre foncé qu'elle était ; le vin vert, de son côté, perd de son acide, tant par l'effet de son mélange que par la réaction de ses principes sur la partie colorante et sur les parties sucrées du vin du Midi, et le vin qui en provient acquiert un véritable mérite.

Tandis qu'en mêlant du vin vert nouveau, soit du Nord, soit du centre, avec du vieux vin du Midi, il survient promptement une perturbation dans le mélange, d'autant plus long qu'il est insensible, et d'autant plus funeste que le vin du Midi est âgé.

Pour le mélange de vin vert ou acerbe et de vin du Midi, l'un et l'autre vieux, le cas est tout à fait différent ; ce mélange est même rationnel, attendu que, par lui, le vin du Midi perd instantanément de sa nuance rouge-bleu pour acquérir une robe d'un beau rouge, de la fraîcheur et du velouté sans empâtement ; de plus, il devient susceptible de porter de l'eau avec avantage quand on le sert sur la table, avantage qu'il n'a pas lorsqu'il est à l'état de nature.

S'il y a de l'inconvénient à introduire dans les mélanges des vins doucereux, ainsi que le sont la plupart des vins du Midi ou tous autres qui n'ont pas parachevé leur fermentation, à plus forte raison est-il dangereux d'y introduire ceux qui sont tout à fait doux, par cela même que les vins doux deviennent des ferments d'autant plus énergiques pour les vins faits ou secs auxquels on les mélange, que leurs proportions dans le mélange sont plus grandes.

Disons pourtant que lorsque les mélanges sont opérés entre les vins doux et les vins secs du Midi, ils ne sont pas sujets aux mêmes inconvénients que ceux qui sont faits entre les vins doux et les vins secs du Nord ou du centre.

Ce fait, qui est exceptionnel, s'explique par la faible partie des principes fermentescibles existant dans le vin du Midi, et la neutralisation de ces principes par la forte somme d'alcool dont ces vins sont pourvus ; aussi arrive-t-il souvent que dans ces mélanges, aucune fermentation sensible ne se produit.

Ajoutons, en parlant des vins doux, que leur mélange ne convient réellement bien qu'avec leurs semblables ou, à défaut, avec des vins blancs bien secs.

Quant aux vins blancs secs, il y a toujours avantage de les mélanger aux vins verts, durs, acerbes ; ils corrigent ces derniers de ce qu'ils ont de défectueux et les rendent plus agréables ; ajoutés aux vins vieux, ils les rendent plus friands et plus coulants ; mais, chose capitale que nous ne saurions trop recommander : vins jeunes avec vins jeunes, et vins vieux avec vins vieux ; sans cette précaution, gare aux déceptions !

On doit de même agréer le mélange des vins blancs avec les vins rouges, attendu que lorsque les proportions et le choix du vin blanc sont observés, les vins rouges gagnent beaucoup à l'œil et à la bouche.

Les meilleurs vins blancs pour le coupage des vins trop chargés en couleur sont ceux de Saint-Bris (Yonne), ceux de Maine-et-Loire, de Sologne, d'Anjou et de Vouvray.

Pour les vins malades ou reconnus altérés, on doit refuser leur emploi à tous mélanges, attendu qu'en les employant, ce serait introduire dans la masse entière des principes qui ne tarderaient pas à s'attaquer de la manière la plus vive et la plus persistante à tous les éléments du vin, dérangeraient leur harmonie et finiraient par les détériorer ; ce moyen de mélange est tout au plus bon à appliquer aux vins destinés à une consommation immédiate et prompte, et doit être rejeté impitoyablement, du moment que les vins sont pour demeurer en magasin.

De tous les vins altérés, ceux atteints d'aigreur doivent particulièrement être éloignés des coupages, attendu que l'aigreur dans un vin est une altération dont le principe est tellement vivace que quand vous croyez l'avoir anéanti, il se reproduit dans le vin avec une force toujours croissante et toujours désastreuse.

Un autre coupage, contre lequel beaucoup se récrient, c'est celui de l'eau et du vin : pourquoi donc tant se récrier, si avec de l'eau et du vin on peut produire un ensemble préférable pour la qualité à beaucoup de vins naturels? Faut-il, quand l'art peut nous procurer des vins parfaitement hygiéniques, de meilleure qualité, et à meilleur marché que ceux que nous donnent beaucoup de vignobles, priver la mère de famille, les travailleurs, ces êtres si intéressants, et la société elle-même d'en faire usage? Les commerçants, dira-t-on, se trouveront lésés dans leurs intérêts, soit, mais la société n'a-t-elle pas, elle, ses besoins? N'a-t-elle pas son budget? Nous ne parlerons pas du fisc, qui ne peut qu'y gagner.

Mélanger l'eau, par quart, par tiers ou par moitié avec du vin de bonne qualité, ne serait pas faire du vin ; pour arriver à ce progrès, il faut, avant toutes choses, procurer à l'eau les principaux éléments du vin. Nous ne les indiquerons pas ici, attendu qu'il est notoirement reconnu que la plus grande partie des marchands de vins possèdent les moyens de pouvoir établir, pour leur détail, des vins à des prix réduits, sur les qualités desquels messieurs les préposés à la dégustation, nommés par le gouvernement n'ont que fort rarement à se plaindre et que lorsqu'ils sévissent et qu'il y a condamnation, c'est généralement pour deux causes : la présence dans le vin de l'eau et celle de l'alcool ajoutés dont on n'a pas su dissimuler entièrement la présence.

Pour mettre en garde le commerçant envers l'emploi de l'alcool et de l'eau pour établir des vins à prix réduits, il faut qu'il sache bien que plus un vin est léger, plus l'alcool qu'on lui ajoute est longtemps à se fondre et à s'unir au vin d'une manière intime, et que c'est sa présence qui empêche les principaux dissolvants de l'eau de s'interposer dans les molécules des éléments constitutifs du vin, de les dissoudre en quelque sorte, et de s'y combiner intimement ; un, deux ou quelquefois trois mois ne suffisent pas pour que la saveur *sui generis* de l'alcool reste inaperçue dans le vin ; ils sont donc bien heureux ceux qui, comme nous, ont découvert le moyen de dissoudre ou plutôt de fondre dans les vingt-quatre heures la saveur de l'alcool mélangé à l'eau, préparation que nous disposons seulement pour nos besoins personnels, ceux de quelques amis et la satisfaction des amateurs désireux de posséder notre procédé.

Terminons ce chapitre en faisant observer de ne jamais oublier, quand on fait des mélanges, qu'il suffit d'une très faible quantité de vin commun pour perdre beaucoup de bon vin et qu'il faut, au contraire, beaucoup de bon vin pour n'en améliorer que d'une manière imparfaite et toujours très peu durable une bien faible quantité de mauvais ; de même encore que pour obtenir de bons résultats des mélanges, il faut attendre leur entière combinaison ; que le mélange et la combinaison des vins sont plus parfaits, en grande cuve, ou en foudre, que de tonneau à tonneau, attendu que dans les plus grandes capacités le phénomène d'action est plus prompt et plus complet, et qu'elles ont de plus l'avantage de produire un soutirage des vins parfaitement identiques, tandis que, de tonneau à tonneau, le vin de chacun d'eux présente une nuance de qualité différente, quelques soins que l'on prenne.

CHAPITRE V

Du vinage des vins.

Le vinage se fait au moyen de l'alcool. Il a pour objet de prévenir l'altération des vins en procurant un principe conservateur aux éléments qui le constituent. La loi l'autorise à 5 pour 100 d'alcool pur dans sept départements seulement : Tarn, Var, Bouches-du-Rhône, Aube et Pyrénées-Orientales.

Par une nouvelle loi, le vinage est accordé également dans tous les départements ; mais seulement pour les vins destinés à l'exportation, sous diverses conditions à remplir après une déclaration préalable faite au bureau de la régie.

Le plus communément, le vinage se fait avec l'alcool Montpellier à 86 degrés que l'on mêle dans le vin ; mieux serait de le faire avec celui à 58 obtenu par *distillation*.

Cette manière de faire le vinage est défectueuse, en ce sens que le vinage ainsi traité laisse aux vins, pendant fort longtemps, une odeur et une saveur d'alcool qui empêchent l'emploi immédiat, principalement lorsque le vinage a eu lieu avec l'esprit trois-six (86 degrés).

Ces inconvénients étant des plus graves pour le débitant, nous avons dû rechercher le moyen de les éviter, et nous nous y sommes livré avec d'autant plus de zèle, que nous avons remarqué que le vinage n'a pas seulement la propriété d'aider à la conservation du vin, mais qu'opéré sur des vins déjà riches, il augmente considérablement leur force en permettant de la réduire avec souvent beaucoup d'avantage. Nous y sommes parvenu.

1° En réunissant :

Eau.	70 litres.
Sucre blanc.	6 kilogrammes.
Alcool fin de goût à 86 degrés. .	25 litres.
Carbonate de soude	30 grammes.
Tannin pur.	15 grammes.

2° Ou mieux encore :

Eau-de-vie distillée à 58 degrés.	38 litres.
Sucre blanc.	6 kilogrammes.

Eau. . . . .   57 litres.
Carbonate de soude. . . . . . .   30 grammes.
Tannin pur. . . . .   15 grammes.

Pour la première préparation, on dissout le sucre et le carbonate dans l'eau, et l'on ajoute l'alcool.

Pour la deuxième, on ajoute à l'eau-de-vie le sucre que l'on fait fondre préalablement sur le feu avec le moins d'eau possible, ou simplement à froid, puis le carbonate de soude que l'on fait dissoudre à part de la même manière, et on complète avec le restant d'eau ; après quoi on bouche et on dépose dans un endroit frais.

Plus ces préparations vieillissent, davantage elles sont convenables pour le vinage.

Bien que tous les savants œnologues conseillent l'usage de l'alcool pour le vinage des vins, comme agent essentiellement conservateur de leurs éléments constituants, nous pensons, dans l'intérêt des commerçants et pour nous rendre utile à tous, devoir faire connaître un autre agent d'un mérite supérieur et moins coûteux : le *tannin* pur.

Le tannin pur, que nous avons employé à la dose de 10 à 30 grammes, quelquefois plus par pièce de 230 litres, sur des vins provenant de raisins égrappés ou non, a préservé les vins de passer au gras, les a maintenus et même bonifiés en voyage, préservés en tous temps de maladies ; il a de plus arrêté le progrès, même rétabli des vins entrés en dégénérescence, excepté pourtant ceux atteints de l'aigre, dont le progrès a été suspendu seulement.

L'alcool, employé comparativement avec le tannin, a bien de son côté contribué à la conservation du vin mais d'une manière moins positive ; plusieurs vins sont entrés en maladie, quelques-uns ont tourné au gras, et ceux disposés par leur nature à passer à l'aigre n'ont pu être exemptés de cette maladie, l'alcool étant même employé à des doses sensibles ; ce dernier fait d'ailleurs n'étonnera pas ceux qui savent que les vins du Midi, malgré leur richesse alcoolique, sont ceux qui ont le plus de disposition à passer à l'acide.

Par suite de ces opérations comparatives, n'est-on pas fondé à croire avec nous que le tannin peut remplacer le vinage des vins et que comme conservateur de ses éléments constitutifs, il est préférable à l'alcool ? Espérons qu'un jour, nos essais seront répétés et par suite mis en pratique, ce sera une satisfaction pour nous, qui sommes le premier à signaler les propriétés de ce produit.

CHAPITRE VI

Amélioration des vins.

Nous divisons l'amélioration des vins en deux moyens :

En moyen naturel : le mélange d'un vin à un ou à plusieurs autres vins ;

En moyen artificiel : le vin seul ou coupé avec d'autres vins, auquel on ajoute quelques-uns des principes dont il n'est pas assez pourvu.

Par le premier moyen :

On bonifie le vin de Touraine, par exemple, en le coupant avec celui du Cher ;

Les Bourgogne, en général, en y mêlant de différents crus, ou les coupant avec le vin de Tonnerre ;

Un vin faible avec un vin plus riche ;

Un vin qui faiblit par l'âge, par un vin du même cru, d'un, de deux ou trois ans plus jeune ;

Un vin jeune qui faiblit, par un léger vinage ;

Un vin trop vert avec un vin un peu fade ou légèrement sucré ;

Un vin blanc qui passe au jaune, en versant un litre au plus de lait chaud par pièce, et en le coupant, après collage et soutirage, avec un autre vin.

A tous les vins communs, les excellents vins de l'Hermitage, de Tavel, de Saint-Gilles et quelques autres du département du Gard, et presque tous les vins rouges des Pyrénées-Orientales.

Dans le second moyen :

On bonifie un vin trop vert en lui ajoutant un peu de sirop de raisin ou de sucre fondu ;

Un vin gras, pâteux ou trop doux, avec un peu d'acide tartrique en dissolution ;

Enfin, un vin qui pèche par le manque de bouquet avec celui qui lui est approprié ;

A celui qui n'en a aucun, avec celui de notre choix.

Nous allons voir qu'on peut bonifier les vins trop acides ou trop verts en augmentant leur volume d'un quart ou d'un tiers par l'addition suivante :

24 litres de notre préparation pour le vinage (p. 61).
32 litres d'eau.

On retire sur un fût de grandeur quelconque un quart du vin qu'il contient.

C'est donc, sur une pièce de 225 litres, 56 litres de vin à soutirer que l'on remplace par les 56 litres de préparation ci-dessus ; on donne au besoin, le bouquet et on augmente la couleur, si elle n'est pas assez convenable, à l'aide de notre vin de teinte.

Dans cette opération, notre mélange de 56 litres contient un dixième d'alcool, c'est ce que rendent à la distillation les vins ordinaires ; il est donc de la même force que beaucoup de vins. D'un autre côté, par son introduction d'un quart, le vin de la pièce perd un quart de son âcreté et de sa verdeur, et le sucre, qui fait partie de sa composition, procure au vin un moelleux et un goût des plus agréables au lieu de dur et acerbe qu'était le vin auparavant.

En comptant la pièce de vin toute rendue dans Paris à 160 fr., les trois quarts étant à employer dans l'opération, la dépense en sera de 120 fr., comptant les 6 litres d'alcool contenus dans nos 24 litres de préparation à 2 fr. 45 le litre (14 fr. 70 c.) et les 1,500 grammes de sucre, qui en font également partie, à 1 fr. 20 c. le kilo. (90 c.), ce qui fait une dépense totale de 135 fr. 60 c. On a donc, en enlevant au vin sa saveur acerbe et désagréable, un bénéfice certain de 6 fr. 10 c. par pièce.

Ce moyen de bonifier les vins acerbes peut également s'appliquer aux vins de bonne qualité qui n'ont qu'une ou deux années ; mais, alors, il devient indispensable d'aciduler légèrement la préparation avec de l'acide tartrique, et d'y ajouter de 15 à 30 grammes de tannin par pièce de 230 litres.

Nous le répétons, les vins ainsi arrangés sont bons ; il se façonnent très bien ; mais ce n'est qu'après un grand mois qu'on peut les apprécier et établir des comparaisons.

On peut enfin bonifier les vins par la confection de vins factices sans raisins dont nous avons donné diverses préparations dans notre *Traité de Vinification ;* leur admission a eu lieu aux expositions nationales de Paris, après l'analyse qui en a été faite par les premiers chimistes de la capitale.

Par tous les moyens que nous venons de donner, les marchands de vins en gros peuvent, avec un peu de discernement, améliorer les diverses espèces de vins durs, acerbes ou mêmes défectueux, suivant les années qui les ont produits, vins surchargeant leurs magasins, ou dont ils ne peuvent se défaire à cause de leur mauvaise qualité.

Ceux en détail peuvent se servir de notre méthode pour marier, bonifier, et mettre au goût des consommateurs les vins qu'ils débitent, et qui, trop souvent, sont de mauvaise qualité, faute de connaissances pour les corriger.

Nous ne pensons point qu'aucun homme sensé puisse avoir des préjugés contre les moyens que nous indiquons.

Autres améliorations et conservations du vin.

On a remarqué dans l'article qui précède, combien le soutirage, la clarification et le soufrage contribuent à l'amélioration des vins, et combien aussi sont appréciables les coupages des vins pour les conserver et leur donner à la fois plus d'aménité et davantage de corps ; sont-ce là les seuls moyens de conservations des vins? Non, nous avons encore pour fortifier les vins trop légers et soutenir ceux provenant de petit crus, toujours faibles et trop chargés de ferment, l'alcool et le tannin.

L'alcool ne se combinant pas instantanément avec le vin, on doit, avons-nous déjà dit, employer de préférence celui à 58 ou 60 degrés obtenu par distillation, celui du même titre provenant d'une réduction de 90 degrés demande bien plus de temps pour opérer sa combinaison. Pour que l'alcool soit employé avec avantage, il faut qu'il n'ait aucune odeur ni saveur particulière. Quand l'alcool fait défaut, on peut le remplacer très avantageusement par du tannin, car, comme lui, il est un puissant conservateur.

Nous l'avons employé sur des vins maigres, provenant de grands comme de petits crus, et dans des vins entrés en maladie, il nous a produit des effets tellement avantageux que nous n'hésitons pas à en recommander l'usage, non seulement comme conservateur du vin, mais comme préservateur par excellence de ses diverses maladies et le compagnon le plus capable de soutenir le vin en voyage.

CHAPITRE VII

Imitation des vins.

Il est des circonstances où l'on peut manquer de vin de cru. Pour arriver à les imiter avantageusement, il convient de préparer à l'avance les infusions et teintures qui suivent :

PRÉPARATION DES TEINTURES ET INFUSIONS NÉCESSAIRES POUR IMITER LES VINS.

Teinture d'iris.

Alcool de 50 à 58 degrés. . . . . . .   1 litre.
Iris en poudre. . . . .   125 grammes.
   Mieux serait :
Alcool . . . . , ...   1 litre.
Eau. . . . .   1/2   id.
Iris de Florence, en poudre. . . . .   125 grammes.

Et, vingt-quatre heures après, mettre à distiller et retirer un litre de produit.

4.

Teinture de racine de fraisier.

Alcool à 85 ou 90 degrés. . . .   5 litres.
Racines sèches de fraisier, bien
   divisées. . . . .   500 grammes.

Teinture de fer.

Oxyde de fer. . . . .   500 grammes.
Acide tartrique en cristaux. .   500   id.
Eau. . . . .   2 litres.
Faire dissoudre sur le feu.

Infusion de brou de noix desséché.

Alcool à 85 ou 90 degrés. . .   5 litres.
Brou de noix sec, premier choix.   500 grammes.

Infusion de framboise.

Alcool. . . . .   10 litres.
Framboise bien mûre et mondée   10 kilogrammes.

Teinture d'amande.

Alcool à 85 ou 90 degrés. . . .   5 litres.
Essence d'amandes amères. . .   5 grammes.
Par leur simple mélange.

Après un mois d'attente de toutes ces préparations, voulons-nous préparer soit du Bourgogne, du
Mâcon ou du Bordeaux, choisissons ceux des vins

qui se rapprochent le plus de celui que nous voulons imiter, tant par l'âge, la nuance, que par la couleur et la vinosité.

Si c'est du Bourgogne que nous désirons, ajoutons sur chaque pièce une quantité d'infusion de framboise tantôt seule, tantôt accompagnée de teinture d'amandes.

Si, au contraire, c'est du Mâcon, infusion de brou de noix et teinture de racines de fraisier; un litre environ de chaque.

Si, enfin, c'est du Bordeaux, de la teinture de fer assez pour procurer ce rêche particulier qui caractérise le vin de Bordeaux ; 1 à 2 litres d'infusion de framboise, par pièce de 280 litres, et teinture d'iris une quantité minime pour procurer le bouquet.

On conçoit ici qu'il ne nous est pas possible de préciser les doses à employer des teintures et des infusions que nous venons de mentionner ; elles doivent nécessairement varier en raison de la qualité des substances employées à leur préparation, en raison aussi de l'état du vin dont on fait choix, et enfin du goût de chacun ; c'est donc un tâtonnement à faire à chaque renouvellement d'imitation des vins.

De la coloration des vins.

La coloration du vin est rarement une nécessité, mais elle en devient une très impérieuse pour beaucoup de vins, les consommateurs aimant, en général, y rencontrer une couleur flatteuse à l'œil, c'est-à-dire franche, vermeille et transparente : comme nécessité fait loi, le commerce s'est donc trouvé obligé, presque de tous temps, d'augmenter l'intensité de couleur de beaucoup de vins.

Pour que la coloration puisse procurer tous ses avantages, il faut savoir l'opérer avec discernement ; c'est-à-dire chercher à procurer au vin léger en couleur, non seulement la nuance qui lui manque, mais en même temps plus de qualité, ce qui aura toujours lieu en lui associant le vin qui peut lui être le mieux approprié, chose facile en faisant de petits essais de vins très rouges de différents crus.

Disons aussi cette vérité, qu'autant la coloration peut donner plus de qualité et rendre plus flatteur un vin ordinaire, plus elle serait contraire à un vin dont la délicatesse et la finesse du bouquet feraient le mérite.

Dans les années où le raisin manque de maturité, les vins ont peu de couleur ; dans cette circonstance, l'art est venu depuis longtemps suppléer au défaut de couleur des vins, par diverses préparations analogues, connues sous le nom de vin de *fismes,* nom qui leur vient sans doute du pays où ces sortes de vins ont été préparées pour la première fois.

Les vins de *fismes* portent encore le nom de vins de *teinte,* les substances employées pour les confectionner ont été jusqu'à ce jour en partie :

Le bois d'Inde ;

Celui du Brésil ou de Fernambouc ;
Les graines ou baies de sureau.
—   de troëne ;
—   d'yèble ;
—   d'airelle ou mirtile ;
—   de brimbelles et autres.

Quand ces vins sont bien préparés, ils ont assurément un certain mérite, puisqu'ils procurent aux vins trop légers en couleur toutes les nuances de rouge désiré, mais, par cela même que leur présence se reconnaît au moyen des réactifs que nous avons fait connaître, et que, dès lors, les vins qui en contiennent sont considérés falsifiés et saisissables, nous conseillons d'en éloigner l'emploi ; aussi nous dispenserons-nous de donner les moyens de les fabriquer.

Mais, désirant contribuer à procurer au commerce

des moyens de coloration dont l'utilité est si grande en beaucoup de circonstances, nous allons l'initier à un moyen simple et tout à fait rationnel, que nous devons à notre persévérance à rechercher tout ce qui intéresse la société.

Ce moyen, c'est l'emploi des fleurs rouges des roses trémières, desséchées et mondées, c'est-à-dire détachées de leur pétale ou calice, infusées dans le vin rouge ou blanc.

Cette préparation, faite sur le moment ou quelques jours à l'avance, procure toutes les nuances de rouge voulues, même au vin blanc; vieille faite, elle procure un rouge velouté tirant sur le jaune, et, dans l'un ou l'autre cas, les réactifs que nous connaissons ne peuvent en attester l'emploi.

Nous avons aussi obtenu par la fermentation du fruit du mûrier, un vin de teinte aussi puissant par la couleur qu'agréable par le parfum, et, par son infusion dans l'eau-de-vie, un produit non moins colorant, mais ayant plus d'arome.

Ces faits, que nous avons annoncés pour la première fois dans notre précédente édition, nous ont été attestés depuis, par un grand nombre de lettres venues du commerce en gros, comme de celui du détail.

N'étant, à cette époque, aucunement assujetti à la visite des dégustateurs, nous avouons que nous n'avons pas songé à le soumettre à l'analyse pour savoir si l'on se mettrait en défaut par son emploi; on ne devra donc en faire usage qu'après vérification.

Les vins de teintes que nous venons de signaler ne sont pas les seuls employés à la coloration des vins; la nécessité, cette mère de l'industrie, a encore donné lieu à d'autres préparations non moins avantageuses pour la coloration et la conservation des vins; de ce nombre, on peut citer, comme étant hors ligne pour ses bons effets, la teinte conservatrice des vins, de M. Alfred Lestaudin, de Reims, la seule autorisée par ordonnance royale, et approuvée par la Société Royale de Médecine [1], *admise aux expositions.*

Il est bon de rappeler ici que si la couleur d'un vin rouge est factice, elle deviendra sombre et de couleur de lie aussitôt qu'on ajoutera au vin quelques gouttes de lessive de potasse, ou de soude, dite lessive des savonniers, et à leur défaut de l'alcali volatil; que si elle est naturelle, elle deviendra

---

[1] Voir à la fin de l'ouvrage les différentes propriétés de cet extrait végétal.

au contraire, plus ou moins verte suivant son intensité.

Des vins de lies et de leur amélioration.

On sait que les vins qui proviennent des soutirages de lies sont toujours plus ou moins empreints d'une saveur d'autant plus étrange qu'ils proviennent de vins communs, d'où il suit qu'il y aurait toujours avantage de mettre à part, lors des soutirages, chacune des lies qui proviennent de vins de qualités différentes.

Au vin de lie, provenant de vins ordinaires, nous vous dirons : Suivez la méthode ordinaire, de l'écouler dans les soutirages destinés à une prochaine consommation, ou donnez-lui la quantité qui lui manque à l'aide d'autres vins.

Pour les vins de qualité, suivez, au contraire, notre exemple, tout particulier jusqu'à présent : ajoutez pour chaque pièce de 230 litres, de 500 à 1,000 grammes de noir de charbon végétal en poudre fine, bien épuré par plusieurs lavages à l'eau, fouettez ensuite fortement ; vingt-quatre heures après, collez, et votre vin aura ensuite une telle qualité qu'il ne différera de celui dont il faisait partie qu'auprès de véritables connaisseurs.

Ce moyen, dirons-nous encore, peut être employé avec le même succès pour les vins qui ne sont pas parfaitement droits en goût, pour ceux encore qui, par suite de l'emploi de certains vins du Midi, laissent à dire, soit sur l'odorat, soit sur la saveur ; mais jamais sur les vins ayant un goût de terroir prononcé, vous n'arriveriez pas.

L'expérience nous a encore confirmé que la poudre de charbon peut être utilisée pour remettre dans leur état normal les vins qui se tourmentent par excès de ferment, ou aux époques des équinoxes, de la pousse et de la floraison de la vigne.

500 grammes enfin employés sur une demi-pièce de vin blanc des environs de Bordeaux ont rendu le vin plus fin de goût, l'ont décoloré fort peu et lui ont enlevé l'inconvénient de jaunir. La poudre de charbon est encore utile dans d'autres circonstances que nous ferons connaître plus loin.

Emploi avantageux des lies.

Généralement, on vend les lies aux vinaigriers, après en avoir soutiré le vin clair ; cela provient, sans doute, de ce que beaucoup ne savent pas tous les services qu'elles peuvent rendre ; qu'on sache donc :

1° Que les lies qui proviennent de vins vieux, étant dépourvues de tout mouvement intestin de fermentation, riches de principes et de bouquet, procurent à des vins plus jeunes dans lesquels on les mêle, aux uns du corps, du bouquet et de la vieillesse ; aux autres du bouquet et de la vieillesse seulement ; qu'il en est de même des lies et des fonds de bouteille, l'expérience nous ayant nombre de fois démontré qu'un seul demi-litre suffisait à donner à 10 litres de vin ordinaire des qualités réellement bien supérieures ;

2° Que provenant de vins jeunes encore, elles corrigent l'âpreté, la dureté et l'astringent des vins nouveaux, en même temps qu'elles aident à en dégager le bouquet ;

3° Que provenant des vins de l'année, elles aident la combinaison des coupages de différents vins, par suite d'un mouvement intestin de fermentation qu'elles leur procurent, d'où il résulte une union complète des éléments constitutifs, et par suite un vin ayant plus de corps, de finesse et de bouquet ;

4° Qu'employées enfin à l'état de lie blanche sur des vins blancs passés au gras ou passés au jaune, elles dégraissent les uns et rendent blancs les autres.

Mais pour que les lies puissent avoir tous ces avantages, faut-il les employer toutes fraîches et sans altération, et non celles accumulées dans les fûts pouvant être plus ou moins en souffrance?

Pour opérer avec tout le succès possible, le mieux est d'employer les lies au fur et à mesure que l'on effectue les soutirages : par exemple un fût vient-il d'être soutiré? on remplace de suite le soutirage par celui des vins auxquels on veut donner de la qualité, puis on fouette fortement et on fait le plein du fût.

L'expérience nous a démontré que la lie d'un seul fût est quelquefois suffisante pour bonifier tout un fût de vin au point que nous l'avons annoncé plus haut, et que pour certains autres, la lie provenant du soutirage de deux et même de trois fûts devient nécessaire.

Une autre manière de tirer un parti avantageux des lies que nous ne saurions garder sous silence, c'est, au sortir du fût, de lui ajouter huit à dix fois son volume d'eau froide, et après avoir bien mêlé, attendre l'éclaircissement. Dans cette opération, l'eau, par sa grande propriété dissolvante, ne tarde pas de s'emparer des principes solubles de la lie ; en même temps qu'elle perd sa crudité et sa fadeur, elle s'assimile intimement et d'une manière assez prompte aux éléments dont elle s'est emparée, et présente un petit vin clairet, d'autant plus agréable que la lie est de bonne qualité et sans souffrance, et il ne faut plus qu'un peu de vin bien corsé pour lui procurer les qualités que beaucoup de crus n'ont pas.

Nous avons mêlé de l'eau sur la même lie, jusqu'à trois fois différentes, mais en aigrissant l'eau aux deux dernières fois d'un peu d'acide tartrique; les résultats obtenus ont été à très peu de chose près les mêmes, nous croira-t-on? cela est cependant réel, et prouve au moins la richesse des lies.

Du rajeunissement des vins.

Le rajeunissement a pour effet de prévenir ou d'arrêter la dégénérescence de certains vins.

Tant qu'un vin est jeune, qu'il est plein de vigueur et d'existence, loin de chercher à le rajeunir, on doit, autant que possible, l'aider à prendre de l'âge, afin qu'il puisse gagner plus promptement en qualité.

Mais dès qu'un vin, par sa vieillesse, commence à perdre seulement une de ses qualités, celui-là on doit le rajeunir, en lui ajoutant d'autres vins, de même cru autant que possible, ou de même qualité, d'une, deux et quelquefois trois années plus jeune; soutenu et nourri alors par des élements nouveaux de même nature et plein de vigueur, il reprend bientôt de la fraîcheur, de la couleur, et s'orne de plus belle de son fin bouquet. Voilà le seul cas où l'on doit rajeunir le vin. En effet, rajeunir des vins faits, bien portants et bien constitués, ce serait agir au détriment de leur qualité.

Ce serait encore un tort de rajeunir des vins malades par une cause ou par une autre; car, dans beaucoup de circonstances, si ce n'est pas dans toutes, ce serait procurer la maladie existante aux éléments nouveaux, dont le pouvoir aurait pour effet la désorganisation des principes constituants du vin; dès lors point de vivification ni d'union intime possible.

Du vieillissement des vins.

Les vins vieux sont à juste titre reconnus comme étant les plus agréables à boire, les plus apéritifs et les plus toniques, aussi ces différentes qualités sont-elles les principales causes de leur recherche et de leur plus grande valeur sur la place.

La supériorité des vins vieux est due au dépouillement plus ou moins complet de l'excès d'acide tartrique dont ils sont indistinctement pourvus et des matières insolubles, les unes naturelles, les autres créées par les diverses réactions des éléments du vin, réactions plus que doublées à l'aide d'une fermentation insensible.

Le temps qui permet à la fermentation de finir son œuvre, au vin de se perfectionner et d'arriver au point d'élaboration parfaite, qui améliore toute chose, comme il la détruit, qui amène les plus grandes douleurs, comme il les calme, qui est insaisissable comme l'air que nous respirons, est donc la seule cause des heureuses transformations d'un vin d'abord doucereux, après piquant, sans bouquet, d'une couleur douteuse, en un vin moelleux, plus brillant, plus corsé, d'un rouge à la fois plus flatteur et plus vif, tirant sur le jaune, d'une saveur plus délicate et d'un bouquet suave. Mais attendre trois, quatre, six années et plus pour obtenir ces résultats, n'est-ce pas acheter bien cher ce que nous pourrions obtenir en un ou plusieurs jours pour des vins mis en bouteilles, en un ou quelques mois pour ceux enserrés en fûts? Pour arriver à ce succès, rappelons ce que nos pères et nous-mêmes, nous avons tous remarqué,

que les vins sont d'autant plus longtemps à se parer,
qu'ils sont déposés dans des lieux profonds, froids
et sans lumière, qu'au contraire, ils vieillissent
d'autant plus vite que la cave ou le cellier qui les
renferme possède de l'air, de la lumière et une
température un peu élevée et variable : aussi est-
ce par suite de ces observations que nous avons,
en 1829, communiqué dans l'un de nos ouvrages,
qu'ayant déposé des vins de trois années d'âge, dans
des bouteilles pleines, c'est-à-dire un demi-verre
à une chaleur de trente à cinquante degrés Réaumur pendant six heures, l'avons trouvé ensuite
vieilli de plus d'une année, que replacé dans les
mêmes conditions, le vin avait acquis son maximum
de vieillesse. Encouragé par ce résultat, nous avons
répété depuis la même opération sur des demi-fûts,
au lieu de le faire sur des bouteilles avec des vins
de différents âges ; aussi, au lieu d'un ou de deux
jours, nous en a-t-il fallu huit, dix, quinze et plus,
suivant l'âge et la constitution des vins. Depuis ces
expériences, nous avons appris que cette opération
du vieillissement artificiel des vins a été pratiquée
en grand, non seulement en Bourgogne, où elle continue, mais encore en Portugal et en Espagne, pour
les vins de liqueurs.

Pour nous, la possibilité du vieillissement artificiel des vins est chose acquise, pour ceux surtout dans lesquels tout mouvement de fermentation a cessé.

A ceux qui voudront vieillir les grands vins, nous dirons : Si vous êtes amis de votre pays et si vous aimez le bon vin, gardez-vous-en bien. A ceux qui n'auront en vue de vouloir vieillir que des vins demi-fins ou ordinaires, nous leur dirons : Si ces vins ont une, deux, trois ou quatre années, contentez-vous de les vieillir de deux et demi à trois années au plus, si vous ne voulez pas éprouver de déception ; et à leur sortie de l'étuve, placez-les en cave sans les coller, leur éclaircissement devant avoir lieu d'une manière assez prompte et parfaite. Opérez-en ensuite le soutirage, et placez le fût et la bonde de côté.

Nous ne mettons pas en doute que les vins dont la première fermentation a été incomplète, c'est-à-dire, que les composés du vin sont demeurés non décomposés entièrement, placés à l'étuve chauffée à une température étudiée, n'élaborent leur fermentation d'une manière satisfaisante, et qu'il en soit de même pour les vins ou trop doux ou trop acides, en ajoutant toutefois aux uns du tartre en poudre, ou un peu de ferment, comme de la lie fraîche provenant d'une bonne qualité de vin, et jamais de levûre de bière, aurait-elle été lavée à plusieurs eaux, aux autres du sucre et, dans les deux circonstances, un peu de tannin.

Ajoutons que le chauffage des vins nouveaux, accélérant leur fermentation, est un moyen des plus préservatifs pour empêcher leur dégénérescence, et cela peut se concevoir, puisqu'il est reconnu que ceux qui prennent de l'altération sont ceux-là mêmes qui ont éprouvé une fermentation ou incomplète ou trop languissante.

Ajoutons que les vins séjournant à l'étuve pour parfaire leur fermentation, en sortent toujours plus tendres, plus savoureux et plus colorés, qu'au bout de six mois ils sont comparables à d'autres vins d'un an et demi ou de deux ans plus âgés.

CHAPITRE VIII

De la confection des vins mousseux.

Les vins n'ont la propriété de devenir mousseux qu'autant qu'ils sont enfermés dans les bouteilles avant qu'ils aient complété leur fermentation.

Ainsi, tous les vins qui contiennent encore un principe sucré donnent de la mousse ; il en est de même si à un vin fait on ajoute ce principe.

En effet, en ajoutant au vin fait quelques grains de raisin de caisse, dit raisin sec, ou encore quelques grains d'orge des brasseurs, c'est-à-dire, germés et desséchés, du miel ou candi, ce vin devient mousseux ; cela est dû à ce que les molécules sucrées se trouvant en contact avec le vin, elles y rencontrent les éléments qui les désunissent, les mettent en fermentation et leur font dégager du gaz acide carbonique, lequel ne pouvant s'échapper des bouteilles, produit la mousse.

C'est principalement au mois de mars et août, par un jour sec et beau, qu'il convient de mettre en bouteilles les vins qui n'ont pas encore entièrement fini leur travail; dans ceux-ci on doit choisir ceux dont la fermentation est lente comme produisant des vins dont la mousse a le plus de durée dans les bouteilles comme dans le verre.

Quand on opère par l'addition du sucre, on doit donner la préférence au sucre candi, comme étant mieux purifié et plus résistant à la fermentation; enfin, l'époque pour mieux opérer doit être celle où le vin éprouve de lui-même comme un nouveau travail.

Nous observerons encore qu'il convient de mélanger les vins de plusieurs crus, attendu que les uns ont une tendance à trop mousser, et que les autres n'en ont pas assez, et que ces proportions doivent varier en raison des consommateurs. Ainsi, les vins destinés pour l'Angleterre ne sont pas traités de même que ceux pour la Russie et pour l'Allemagne.

Disons, enfin, que l'art peut suppléer à la nature pour faire les vins mousseux.

Pour exemple :

Prenons du vin de bonne qualité, des côtes de Champagne, de Saumur, de Chablis, de Pouilly ou d'autres contrées ; dans une feuillette de ce vin bien collé et soutiré clair-fin, ajoutons 6 kilog. environ de sucre candi, couleur paille, premier choix, et 2 litres d'eau-de-vie fine de goût ; agitons de temps en temps pour dissoudre le sucre, collons ensuite, et, huit à quinze jours après, mettons en bouteille.

Comme l'attente de voir mousser le vin ainsi préparé sera longue, gagnons sur le temps en exposant les bouteilles à une chaleur tempérée ; nous provoquerons par là un mouvement intestin insensible, qui décomposera le sucre, lequel, par sa décomposition, donnera au vin l'acide carbonique qui lui manquait pour devenir mousseux. La présence de ce gaz une fois reconnue, descendons nos bouteilles à la cave, et bientôt nous pourrons juger l'œuvre du travail.

Nous pourrions encore rendre le vin mousseux en y introduisant du gaz à la manière de la confection des eaux de Seltz ; mais ayant démontré dans un de nos ouvrages que la mousse dans les vins ainsi préparés ne se soutient pas du tout dans le verre, nous ne nous servirons pas de ce moyen, mais nous l'appliquerons toutes les fois que le vin contiendra par lui-même encore des parties sucrées ou que nous lui aurons fournies ; alors, nous aurons promptement, ainsi que nos expériences sur ce sujet l'ont prouvé, un vin mousseux et de grande qualité, et digne de figurer sur les meilleures tables.

Le moyen suivant prouvera encore que l'art a, comme la nature, ses divers moyens pour arriver au même but.

Prenons du moût ou jus de raisin à la sortie du pressoir, c'est-à-dire non fermenté, filtrons-le pour le clarifier; si au goût sucré qu'il possède se joint légèrement celui aigrelet, mettons-le de suite en bouteille; si le sucre domine par trop, émoussons-le par un peu d'acide tartrique, car c'est à la présence d'une plus ou moins grande partie du tartre contenu dans le moût qu'est due en partie la qualité des vins mousseux.

Nous terminons ici la préparation des vins mousseux, ce sujet étant grandement développé dans notre *Traité de Vinification*.

CHAPITRE IX

Du vin muet.

Le *vin muet* n'est autre chose que le moût du raisin qu'on empêche de fermenter en l'imprégnant de gaz sulfureux.

Disons, en passant, que le moût ne prenant le nom de vin que quand il a fermenté, celui de vin muet lui est impropre. Néanmoins, admettons-le sous cette dénomination et démontrons comment on procède pour le faire.

On soufre un tonneau vide et on le remplit au quart du moût sortant du pressoir, on ferme le tonneau et on l'agite jusqu'à ce que le gaz sulfureux soit combiné ; on brûle une autre mèche, on ajoute une nouvelle portion de moût et on roule encore le tonneau ; on continue ainsi jusqu'à ce qu'il soit entièrement plein, et on le bonde hermétiquement ; le tonneau ainsi disposé est descendu à la cave.

Dans cette opération, le ferment contenu dans le

moût est désoxygéné par le gaz acide sulfureux ; mais il suffit de le mettre en contact avec l'air pour qu'il recouvre sa propriété d'exciter la fermentation.

Le *vin muet,* employé, ainsi que nous l'avons déjà dit, dans la proportion de 1 à 3 litres par pièce de 230 litres, provoque une deuxième fermentation dans le vin, par suite de laquelle résulte un vin plus vineux, plus sec et d'une plus longue conservation, les éléments qui le constituent s'étant entièrement combinés entre eux.

En raison de cette propriété, on devrait l'employer pour presque tous les vins du Midi, notamment pour ceux fortement chargés de tartre et de parties sucrées, comme enfin pour ceux qui, coupés, se combinent difficilement.

CHAPITRE X

Des vins de liqueurs et de leur imitation.

Les vins, en général, se divisent en deux ordres très distincts, les *vins secs* et les *vins sucrés* ou vins de liqueurs.

Les vins de liqueurs contiennent moins d'eau, plus de sucre et d'alcool, et développent un parfum plus prononcé que les vins secs ; ils offrent une consistance plus ou moins sirupeuse, et, par cela, une douceur qui les rend en effet plutôt liqueurs d'agrément que vins de consommation journalière. C'est à la quantité excédante de sucre et d'alcool que contiennent ces sortes de vins qu'ils doivent la propriété de se conserver pendant une longue suite d'années sans éprouver d'altération sensible.

Les vins les plus estimés sur les tables sont : les vins d'Alicante, Grenache, Muscat, Malaga, Xérès, Madère, Tokay, Lacrima-Christi, Malvoisie, celui de Vermout, etc.

Les vins de liqueurs, que l'on rencontre dans le commerce sont, en général, des *vins factices,* fabriqués pour la plupart à Cette et à Montpellier ; ils sont le résultat du mélange de différentes substances aromatiques ; le tout dans des proportions en rapport avec la nature du vin à imiter.

Ces substances sont en très grand nombre. Celles qui sont le plus particulièrement employées sont les infusions spiritueuses de framboises, de noix vertes, de girofle, d'iris, de calaman ; celles d'amandes amères et de café ; la dissolution de goudron, le sirop de raisin, celui de sucre candi et de miel.

Avant de faire connaître les recettes pour imiter les vins de liqueurs, indiquons les moyens de préparer les infusions nécessaires à leur confection.

Infusion de framboises.

Alcool à 85 degrés.

Framboises bien mûres et mondées partie égale en mesure.

Infusion de noix vertes.

Alcool à 85 degrés. . . . . . . 100 kilogrammes.
Noix vertes morveuses. . . . 100 kilogrammes.

On nomme noix morveuses celles que l'on peut traverser sans obstacle avec une épingle.

Infusion de girofle.

Alcool à 58 degrés. . . . .   4 litres.
Girofle concassé. . . . .   500 grammes.

Infusion d'iris.

Alcool à 85 degrés . . . .   4 litres.
Iris de Provence râpé. . . . . .   500 grammes.

Il en est ici de l'emploi de l'iris pour les vins de liqueurs ce que nous avons dit pour parfumer les vins de Bordeaux, que son produit par la distillation est préférable à celui de son infusion.

Infusion de calaman.

Remplir un petit tonneau ou une cruche en grès d'herbes sèches de calaman, coupées ou divisées et les couvrir d'alcool à 58 degrés.

Infusion de coques d'amandes amères.

Coques d'amandes amères. . . .   20 kilogrammes.

Les torréfier légèrement à la manière du café et les jeter toutes chaudes dans un vase contenant :

Alcool à 58 degrés . . . .   40 litres.

Infusion de café.

Café Moka, Bourbon et Martinique mélangés par tiers. . . . .   1 kil. 500 gr.

Les torréfier couleur d'or foncé, les moudre et ajouter :

Alcool à 58 degrés. . . . .   5 litres.

Dissolution de goudron.

Goudron de Norwège . . . .   30 grammes.
Alcool à 85 degrés . . . .   2 litres.

Toutes ces infusions ont besoin d'être préparées un ou deux mois avant d'en faire usage ; celle de brou de noix plus particulièrement ; ce n'est que lorsqu'elle est vieille faite qu'elle procure ce goût de rancio qui fait le mérite de beaucoup de vins de liqueurs.

Les infusions de girofle, d'iris et de café peuvent être rechargées, à plusieurs reprises, jusqu'à épuisement de leur parfum.

§ 1. *Recettes et opérations des vins de liqueurs.*

MÉTHODES DU MIDI.

Quelles que soient les opérations que nous allons traiter, elles s'appliquent toutes à une fabrication d'un hectolitre de liquide.

Vin d'Alicante.

Vin de Bagnols . . . . 80 litres.
Alcool à 85 degrés. . . . . 9 litres.
Sirop de raisin . . . . 10 litres.
Ou sucre Martinique. . . . . 7 kil. 500 gr.
Eau . . . . 5 litres.
Infusion d'iris, quantité suffisante pour ne pas dominer.

N'ajouter l'infusion d'iris qu'après avoir bien mélangé les autres substances, et ne le faire qu'avec beaucoup de modération, ce parfum se développant beaucoup, étendu dans les liquides.

Vin de Chypre.

Vin muscat très vieux et peu doux. . 25 litres.
Vin blanc très sec et bien vineux . . . 64 litres.
Esprit à 85 degrés. . . . . 5 litres.
Infusion de noix vertes. . . . . 1 litre.
Sucre blanc. . . . . 2 kilogr.
Eau. . . . . 1 litre.
Infusion de girofle, qualité suffisante pour ne pas dominer.

Mélanger les différents vins, ajouter l'alcool et l'infusion de noix vertes, fondre sur le feu le sucre avec l'eau, et pousser sa cuisson jusqu'à ce qu'il prenne une couleur d'or des plus prononcées, le verser dans le mélange, et, après agitation, ajouter l'infusion de girofle, peu à peu, jusqu'à satisfaction.

Vin de Grenache.

Vin de Collioure un peu sec. .	80 litres.
Sirop de raisin	12 litres.
Ou sucre Martinique	8 kilogrammes.
Infusion de noix vertes.	1 litre.
Infusion des coques d'amandes amères.	1 litre.
Alcool à 85 degrés.	5 litres.
Sucre brûlé, couleur d'or. . . .	500 grammes.

Opérer comme ci-dessus.

Vin de Lacrima-Christi.

Vin de Bagnols très vieux. . .	85 litres.
Gomme kino	50 grammes.
Infusion de noix vertes.	1 litre.
Sirop de raisin	6 litres.
Ou sucre candi	3 kilogrammes.
Alcool à 85 degrés.	8 litres.

Fondre le sucre candi dans le vin, dissoudre la gomme kino dans l'alcool, faire le mélange complet, et laisser en repos.

Celui qui nous a réussi le mieux comme finesse de goût est celui-ci :

Vin de Madère.

Vin de Picardan sec. . . . .   60 litres.
Vin de Tavel vieux et bien vineux.   25 litres.
Infusion de noix vertes. . . . .   2 litres.
Infusion de coques d'amandes amè-
    res . . . .   2 litres.
Sirop de raisin. . . . .   3 litres.
Ou mieux sucre candi . . . .   1 kil. 500 gr.
Eau-de-vie distillée à 58 degrés. . .   10 litres.

Fondre le sucre dans une portion du vin, le réunir à la composition et bien mélanger.

Vin de Malaga.

Vins de Bagnols vieux . . . . .   80 litres.
Sirop de raisin. . . . .   10 litres.
Ou sucre de la Martinique . . .   8 kilogrammes.
Infusion de noix vertes. . . . .   2 litres.
Alcool à 85 degrés. . . . .   8 litres.
Infusion de goudron, quantité suffisante pour être
    inaperçue.

Opérer comme ci-dessus.

Vin muscat de Frontignan.

Vin de Picardan sec. . . . .   80 litres.
Sirop de raisin. . . . .   8 litres.
Ou sucre candi. . . . .   4 kilog.
Fleurs sèches et mondées de sureau
  à feuilles de persil et de l'année.   500 grammes.
Alcool. . . . .   12 litres.

Fondre le sucre sur le feu avec un peu d'eau, y mettre infuser les fleurs de sureau jusqu'à refroidissement, sur une toile ou un tamis, verser ensuite du vin sur les fleurs pour enlever le peu de sucre qu'elles retiennent, et agiter fortement tout le mélange.

Vin muscat de Lunel.

Vin de Picardan doux. . . . .   85 litres.
Sirop de raisin. . . . .   6 litres.
Ou sucre candi. . . . .   3 kilog.
Fleurs sèches de sureau, les mêmes
  que ci-dessus. . . . .   600 grammes.
Alcool à 85 degrés. . . . .   10 litres.

Opérer comme pour le Frontignan.

Vin de Tokay.

Vin de Bagnols, très vieux. . . . .   80 litres.
Sirop de raisin. . . . .   10 litres.

Ou sucre candi. . . . .   5 kilog.
Fleurs sèches de sureau de l'année. . .   300 grammes.
Infusion de framboises blanches. . .   2 kilog.
Infusion de noix vertes. . . . .   1 kilog.
Alcool à 85 degrés . . . .   6 litres.

Opérer comme pour le Frontignan.

Vin de Xérès.

Ajouter aux quantités des substances indiquées pour le madère, de 1 à 2 litres, infusion de framboises blanches.

Vermout de Turin.

La qualité du vermout ne dépend pas, comme on pourrait le penser, de la juste proportion des ingrédients qui servent à le préparer, elle dépend encore, et autant peut-être, de la manière de les employer; c'est une vérité que nous avons acquise par l'expérience et que nous allons démontrer :

Composition.

Chardon bénit. . . . .   125 grammes.
Pulmonaire. . . . .   125 grammes.
Rhubarbe. . . . .   25 grammes.
Muscades . . . .   15 grammes.
Zestes de bigarades. . . . .   5 grammes.

Grande absinthe. . . . . 125 grammes.
Iris râpé. . . . . 10 grammes.
Vin blanc de Picpoul doux ou de Pi-
  cardan . . . . 100 litres.
Alcool à 85 degrés. . . . . 5 litres.

Faire infuser pendant huit jours, tirer à clair, coller; soutirer et recoller de nouveau avant de mettre en bouteilles.

Voilà pour le vermout tel qu'on le fabrique à Montpellier, à Cette et à Lyon, sauf pourtant l'addition ou le remplacement de diverses plantes par d'autres plantes, selon les recettes ou le jugement du fabricant, circonstances qui multiplient à l'infini la qualité du vermout.

Ayant remarqué plusieurs fois chez un fabricant une différence sensible dans la qualité de son vermout, bien qu'il s'observât à n'employer que les mêmes substances et dans les mêmes proportions, nous avons cherché à nous rendre compte de la cause; à l'aide de diverses opérations comparatives, nous sommes arrivé à reconnaître qu'elle était due à l'imperfection du dosage des substances dans le vin.

Aussi sommes-nous arrivé à pouvoir fabriquer, avec assez de régularité, du vermout ayant la qualité d'être à volonté plus amer qu'aromatique ou plus aromatique qu'amer, ou combiné de telle sorte qu'aucun de ces deux principes ne domine l'autre.

Voici comment nous opérons :

Nous mettons infuser à part chacune des plantes aromatiques, et, à part également, toutes celles qui sont amères. Les infusions faites, nous en prenons la valeur d'un verre, que nous filtrons si elles sont troubles, et, pour nous fixer sur les quantités à employer de chacune, nous étudions, à titre d'essai, des quantités variées de chacune des infusions aromatiques, de manière à arriver à ce qu'aucun des aromes dont elles sont pourvues ne domine l'autre.

Nous en faisons autant pour chaque infusion amère ; enfin, pour arriver à procurer au vermout tous les goûts d'arome et d'amerturme désirés, nous terminons par un dernier essai, celui de proportionner le produit aromatique homogène obtenu, si nous pouvons nous exprimer ainsi, avec celui qui est amer, de manière à ce que, ces deux produits étant réunis, le vermout qui en résulte ne soit ni trop amer ni trop aromatique, ou que l'un domine sur l'autre suivant le besoin.

Nous prenons pour durée des infusions, après leur préparation, cinq jours lorsqu'elles sont disposées dans un endroit chaud, et huit jours lorsqu'elles le sont dans un endroit frais.

Tous les vins blancs sont convenables pour faire du vermout, du moment qu'ils sont un peu doux, bien vineux et de moyen âge.

Quand on ne peut employer que des vins secs, on doit les rendre légèrement doux en leur ajoutant du sucre de préférence au sirop de raisin, comme étant moins sujet à se tourmenter et meilleur conservateur.

Les vins de liqueurs, quels qu'ils soient, ont besoin de vieillir pour que les principes qui les composent s'unissent et se combinent intimement, ce n'est qu'alors qu'ils ont de la qualité ; on ne doit les coller qu'après en avoir fait le soutirage.

§ 2. *Autres méthodes de faire des vins de liqueurs, dites méthodes de Paris.*

Ici, comme précédemment, nous bornerons nos opérations à un hectolitre de liquide.

Madère.

Vin blanc de bonne qualité. . . . . 94 litres.
Sucre brut Martinique . . . . 3 kilogrammes.

Miel jaune, agréable de goût. . . .   3 kilogrammes.

Eau-de-vie à 58 degrés . . . .   8 litres.

Fleurs de houblon, suivant sa qualité, de 10 à 25 gr.

Mêler et soutirer au bout de quinze jours.

Malaga.

Vin de Bergerac, vieux.   .   .   .   60 litres.

Vin de Collioure, vieux .   .   .   .   30 litres.

Sucre brut .   .   .   .   .   .   8 kilogrammes.

Raisin de Malaga réduit en pâte.   20 kilogrammes.

Alcool à 85 degrés.   .   .   .   .   6 litres.

Bien mêler jusqu'à dissolution du sucre, laisser le vin se faire pendant trois mois ; le soutirer et le coller quinze jours avant de le mettre en bouteilles.

Muscat ordinaire.

Vin de Bergerac, doux.   .   .   .   100 litres.

Fleurs sèches de sureau de l'année.   125 grammes.

Graine de coriandre concassée. .   125 grammes.

Mêler, infuser pendant quinze jours, soutirer et coller.

Muscat de Lunel.

Vin blanc de Vouvray. .   .   .   .   90 litres.

Sirop de capillaire.   .   .   .   .   3 kilogrammes.

Eau distillée de sureau .   .   .   2 kilogrammes.

Eau-de-vie à 58 degrés .   .   .   8 litres.

Mêler, soutirer un mois après et coller. Ce vin est très agréable.

Porto.

Vin de Roussillon vieux.	70 litres.
Ratafia des quatre fruits, vieux. . .	25 litres.
Alcool à 85 degrés.	5 litres.

Mêler exactement et attendre deux mois.

Rota.

Vin de Roussillon.	80 litres.
Sucre brut	2 kilog.
Vin muscat ordinaire.	12 litres.
Ratafia de cerises noires. . . .	8 litres.
Infusion de noix vertes	1 litre.

Fondre le sucre dans le vin, opérer le mélange général, et le coller.

CHAPITRE XI

De la conservation des vins en fûts pleins et en fûts en vidange.

Tout ce qui tient à l'art de conserver les vins peut se réduire à l'ouillage, au soutirage, au soufrage et au collage.

Par *ouillage,* nous entendons le remplissage des fûts, au moins tous les mois, afin de chasser l'air existant dans le vide du fût, lequel, par sa présence, détériorerait la qualité du vin. Il est en effet bien reconnu que la moindre négligence dans l'ouillage des vins les expose à des altérations auxquelles on peut difficilement remédier.

La manière d'opérer le remplissage n'est pas la même partout; quelle qu'elle soit, la préférence doit être donnée à celle opérée à l'aide d'un bidon muni d'une douille recourbée de manière à pouvoir entrer par la bonde et pénétrer dans le vin d'au moins 8 à 10 centimètres, parce qu'alors, la surface du vin n'étant pas pour ainsi dire rompue, toutes les particules surnageantes, soit fleurs ou autres, arrivent à la surface, sans se rompre ni se réintégrer dans le vin, et parviennent ainsi à s'échapper entièrement par la bonde.

Par *soutirage,* la séparation du vin de sa lie ou des impuretés que le repos et une fermentation lente lui ont fait déposer, composées de tartre, de mucilage, de parties colorantes et de ferment qui, par un trop long séjour, enlèveraient au vin léger plus particulièrement, sa limpidité et sa finesse et occasionneraient par suite sa dégénération.

L'expérience a d'ailleurs prouvé que, tant qu'on conserve des vins en tonneaux, on doit les soutirer avant chaque équinoxe et qu'il doit en être de même toutes les fois qu'il faut les déplacer; car ils peuvent avoir fait un nouveau dépôt qui, mêlé à la liqueur, altérerait sa limpidité et sa saveur. Il est un fait réel, que les vins qui ont été bien soutirés se conservent plus longtemps, sont plus clairs et peuvent supporter le transport plus facilement que ceux qu'on garde sur la lie.

En tenant les tonneaux toujours pleins, ce n'est donc pas seulement mettre le vin à l'abri de l'action destructive de l'air, c'est encore aider sa conservation et son amélioration, amélioration qui ne peut toutefois avoir lieu qu'autant que le remplissage est effectué avec le même vin ou avec un autre d'égale qualité, mais exempt de tout germe de maladie ou de dérangement, car s'il en existait un, il ne tarderait pas de s'inoculer à la masse entière, qu'il détériorerait infailliblement. Il est donc vrai de dire qu'on ne saurait trop bien choisir le vin destiné pour le remplissage.

Quant aux vins blancs, on est généralement d'accord sur l'inconvénient de leur soutirage ; ils perdent de leur qualité et se colorent davantage : c'est un effet de l'air atmosphérique. Il suffit, pour s'en convaincre, de déboucher une bouteille : le premier verre sera blanc aujourd'hui, il sera ambré demain ; c'est principalement sur les vins des environs de Bordeaux que nous avons fait cette remarque.

Tout vin qui se conserve d'une limpidité parfaite et n'éprouve aucun changement dans sa saveur et son arome ne demande pas d'être soutiré, mais aussitôt que sa transparence diminue, ou qu'elle se ternit, ou que le vin devient trouble et que sa saveur dégénère, il faut, quelle qu'en soit la cause, le soutirer dans un fût que l'on mèche au moment même où l'on veut faire cette opération, cet auxiliaire ayant le pouvoir, en pénétrant dans les molécules du vin, de paralyser toutes causes désorganisatrices.

Si nous conseillons de soutirer dans un fût méché à l'instant, c'est parce que nous avons remarqué que dans un fût méché depuis plusieurs jours, une légère partie du gaz sulfureux est adhérente aux douves du fût, et que l'autre partie est évaporée, d'où il s'ensuit que le vin qu'on y introduit ne rencontrant pas suffisamment de gaz, le mal dont il est atteint continue d'exister.

Le soutirage étant insuffisant à la conservation des vins et ne devenant efficace dans beaucoup de cas, que combiné avec le soufrage, voyons tous les avantages que présente cette opération.

CHAPITRE XII

Du soufrage ou méchage des vins.

Soufrer ou mécher les tonneaux et les vins, c'est les imprégner d'une vapeur sulfureuse qu'on obtient communément par la combustion de petites bandes de toile enduites de soufre, qui ont pris dans le commerce le nom de mèches soufrées.

Dans cette opération, le soufre, en brûlant, absorbe l'oxygène de l'air; c'est donc cette propriété du soufre, mis par la combustion à l'état de gaz sulfureux, qui produit les effets du soufrage.

Ainsi, le tonneau dans lequel on a brûlé une ou plusieurs mèches, suivant sa capacité, ne contient plus d'oxygène, mais, contenant du gaz sulfureux avec excès, celui-ci s'empare de l'oxygène qui peut être contenu dans le vin, au fur et à mesure qu'on introduit le vin dans le tonneau; le vin, alors privé d'oxygène, perd pour quelque temps la propriété de fermenter.

Le soufrage décolore légèrement les vins; ce peut

être un inconvénient pour ceux qui ont peu de couleur, mais c'est un avantage pour ceux qui en sont trop surchargés.

Lorsqu'on soutire des vins vieux bien francs, il suffit de brûler un petit morceau de mèche soufrée dans le tonneau destiné à être rempli ; mais lorsqu'il s'agit de soufrer des vins qui ont une tendance ou un commencement de dérangement, on doit mécher plus fortement.

On soufre aussi le vin sans transvaser ; cela s'appelle mécher sur vin ; pour cela on en tire une partie, on introduit une mèche par la bonde, et on la fait brûler à la surface du vin ; quand le vide est bien rempli de vapeur sulfureuse, on agite le vin pour le faire pénétrer par le gaz ; ensuite on remplit le tonneau.

C'est par ce même moyen que l'on parvient à empêcher le vin qui reste longtemps dans un fût en vidange de se déranger ; dans cette circonstance, on brûle un morceau de mèche sur le vin en l'introduisant par la bonde ; à ce moment on doit replacer la bonde et fermer hermétiquement le tonneau.

Il est encore un autre moyen de soufrer les vins dont aucun auteur n'a encore parlé : c'est l'emploi de l'acide sulfureux liquide.

Ce moyen trouve encore son usage pour le soufrage des tonneaux ; là où les mèches soufrées sont sans action, le gaz sulfureux liquide agit immédiament.

Quand les mèches soufrées sont sans action, c'est lorsqu'en les introduisant dans les tonneaux elles refusent de brûler ; cette circonstance est due à ce que l'air contenu dans le tonneau se trouvant vicié par la présence d'autres gaz acétique et carbonique, il a perdu de la propriété d'entretenir la combustion de la mèche ; alors, pour chasser ces différents gaz, il faut avoir recours à l'un ou à l'autre des deux expédients suivants : mettre le tonneau bonde dessous si l'on peut différer le soufrage de quelques heures ; bonde dessous également et introduire beaucoup d'air dans le tonneau en faisant agir un soufflet par le trou du soutirage, si l'on est pressé de faire le soufrage.

Soufrage aux mèches soufrées.

Le choix des mèches pour soufrer, ainsi que la manière de les brûler, ne sont pas sans importance pour ne pas communiquer au vin soit une saveur de soufre, soit une odeur de fumée.

Le commerce nous en offre de deux sortes, l'une

qui est de soufre seul appliqué sur une bande de toile, l'autre, dite Strasbourg, qui est également chargée de soufre, mais saupoudrée de fleurs de violette; la première sorte, laissant écouler une grande partie de son soufre à l'état de fusion, devrait n'être jamais employée, et si celles de Strasbourg leur sont préférables, c'est parce que le soufre dont elles sont chargées étant retenu par la présence des fleurs, leur combustion a lieu entièrement et donne naissance à un plus grand dégagement de gaz.

Quelle que soit la mèche que l'on emploie, il est vrai de dire qu'il est prudent, même indispensable, de ne pas attendre la finition entière de la combustion du soufre dont elle est chargée, attendu que, mise à son tour en combustion, elle procurerait une odeur de fumée des plus désagréables, qui se communiquerait infailliblement au vin, cas qui s'aggraverait encore si la mèche carbonisée tombait dans le tonneau. Pareille circonstance arrivant, on doit l'en faire sortir à l'aide de plusieurs lavages, et si l'odeur de fumée se fait encore remarquer, laver de nouveau le tonneau avec un lait de chaux et après un parfait nettoyage, remécher à nouveau.

Nous ne répéterons pas les avantages du soufrage des vins par le gaz sulfureux, les ayant suffisamment fait connaître précédemment ; passons donc à un troisième moyen de méchage.

Méchage à l'alcool.

Nous sommes bien éloigné d'être de l'avis d'un journal qui conseille d'employer la combustion de l'alcool en remplacement de celle des mèches soufrées.

L'alcool enflammé n'ayant aucun principe désoxygénant, ne peut agir aucunement sur les causes perturbatrices du vin ; son seul mérite est d'assainir le fût dans lequel on l'a fait brûler. Aussi, donnons-nous la préférence au méchage sulfureux, car si ce dernier est excellent pour les vins en santé, on peut affirmer qu'il l'est encore davantage pour ceux qui sont malades ou qui ont une tendance à le devenir.

Le méchage à l'alcool n'étant pas sans danger dans des mains inexpérimentées, on devra, pour l'opérer, non pas verser de l'alcool dans les futailles et l'enflammer, mais, pour toute sécurité, attacher un petit tampon d'amiante à la tige d'un méchoir, le tremper dans l'alcool, le laisser égoutter un instant, puis l'enflammer et l'introduire peu à peu, à la manière ordinaire, dans le tonneau.

L'amiante étant incombustible, on pourra le faire resservir pour ainsi dire indéfiniment.

Peut-être n'est-il pas non plus indifférent d'observer que, quel que soit le mode de méchage adopté, il y aurait imprudence, même danger, de mécher des fûts ayant contenu des spiritueux, le feu pouvant prendre dans la futaille et occasionner une explosion, événement qui malheureusement n'est pas sans exemple.

Observons ici que le soutirage, le soufrage et la clarification ne sont pas les seuls moyens à employer pour conserver les vins dans toutes leurs qualités jusqu'à la dernière goutte ; on y parvient encore en les couvrant d'une couche d'huile, nouvelle de préférence, dans la proportion d'une bouteille au plus par pièce ordinaire ; l'huile ainsi répandue en couche légère sur la surface du vin, empêche l'évaporation des parties alcooliques, en même temps qu'elle empêche l'approche de l'oxygène de l'air atmosphérique, cause de toutes les altérations qu'éprouvent les vins en général, principalement ceux tenus en vidange.

Ce moyen s'emploie avec le même avantage pour les fûts pleins comme pour les foudres, quelle que soit leur grandeur ; mais il faut, pour l'appliquer avec succès, que les vins aient reçu deux ou trois soutirages.

Lorsqu'on est à finition d'un fût, ou qu'on approche du moment de son levage, on reçoit le liquide restant dans un vase beaucoup plus étroit par le bas que par le haut, ayant un robinet à sa base, afin d'obtenir tout le vin sans mélange d'huile. L'huile peut être employée ensuite pour la lampe.

Observations essentielles sur le soufrage des vins.

Rappelons que le soufrage est, sans contredit, un des plus puissants moyens à mettre en œuvre pour la conservation du vin ; par lui, on parvient à maintenir ceux qui ont des dispositions à s'emporter, et on calme ceux qui sont déjà en effervescence ; il aide à conserver les vins blancs dans leur état primitif de douceur, et empêche presque toujours les autres de passer au jaune ; il suspend les maladies des vins, il les soutient en santé, dans les cuves comme en voyage ; enfin il facilite l'homogénéité des vins, parce qu'en les désoxygénant, il enlève au ferment son principe d'action, et établit ainsi une permanence de calme, qui facilite le mélange des éléments entre eux et rend l'effet du collage beaucoup plus parfait.

Mais qu'on ne s'y méprenne pas! le soufrage ne procure tous ces avantages qu'autant qu'on écoule le vin au-dessus du gaz sulfureux, par conséquent au moment où l'on retire la mèche du fût après être brûlée.

Ainsi, un méchage fait à l'avance ne pourrait remplir le même but, par cela même qu'une grande partie du gaz se trouvant condensée aux parois du fût, elle se trouverait sans effet. Nous le répétons donc, les effets du méchage consistent dans l'action de verser le vin sur le gaz sulfureux provenant de la combustion de la mèche : au moment même où l'on vient de retirer cette dernière du tonneau, la vapeur sulfureuse traversant alors la masse tout entière du liquide, constitue pour lui, si nous pouvons nous exprimer ainsi, un bain de vapeur sulfureuse dont l'effet est d'opérer sa désoxygénation et d'arrêter chez lui la fermentation si elle a lieu, ou de la prévenir quand elle n'a pas encore commencé ; ce qui nous amène à tirer cette autre conséquence que, le ferment se trouvant privé pour un temps de son action par l'absorption du gaz oxygène contenu dans le vin, il se désunit en partie, dépose et peut ainsi être séparé ensuite du vin en opérant un soutirage.

CHAPITRE XIII

Du collage ou clarification des vins.

Le soutirage et le soufrage des vins séparent bien une partie de ses impuretés, et éloignent, conséquemment, quelques-unes des matières qui altèrent sa limpidité ; mais il reste encore des parties hétérogènes suspendues dans ce fluide, qu'il convient de précipiter par l'opération d'une clarification artificielle ou d'un collage.

L'opération du collage non seulement dégage le vin des matières qui altèrent sa limpidité, mais il détermine encore la précipitation de celles tenues en dissolution dans le vin, et qui ne se précipiteraient que beaucoup plus tard. Elle débarrasse également le vin des matières qui nuisent le plus à l'agrément de son goût, et elle détruit ou plutôt suspend pour un temps plus ou moins long la fermentation insensible que ces substances y entretiennent. En effet, le vin que l'on tire, après l'avoir bien clarifié à l'aide du collage, présente un caractère nouveau dans l'odeur et la saveur; il ne dépose que très longtemps après, tandis que celui que l'on tire sans le coller, dépose beaucoup plus tôt et forme une lie bien plus volumineuse et plus légère.

La clarification étant, par tout ce qui précède, reconnue comme un moyen puissant pour bonifier et conserver les vins, nous pensons qu'il est utile de la faire reconnaître dans ses différents effets; cela nous amènera à apprendre à connaître les différentes substances clarifiantes ainsi que leurs manières d'opérer.

La clarification est le résultat d'une action *chimique,* puis *mécanique,* ou seulement *mécanique,* suivant la nature des substances employées pour l'opérer.

L'action est d'abord chimique, puis mécanique, toutes les fois que les substances introduites dans le vin sont susceptibles de se combiner avec une ou plusieurs de ses parties, ou d'être dénaturées par son contact avec elles.

L'action est simplement mécanique lorsqu'on introduit dans la liqueur, des substances qui y sont insolubles, et qui se précipitent par leur propre poids. Dans le premier cas, les matières introduites dans les vins et les parties de ce liquide qui se combinent avec elles, éprouvent alors une décomposition et une recomposition qui les rendent insolubles, et leur donnent une densité suffisante pour qu'elles se précipitent au fond du tonneau. Dans le second cas, les matières introduites dans le vin, n'ayant aucune affinité avec les principes qui le constituent, se précipitent naturellement et entraînent avec elles les particules de couleur, de lie et de tartre qu'elles rencontrent sur leur passage.

Parmi les substances qui exercent sur le vin une action d'abord *chimique,* puis *mécanique,* on remarquera principalement la colle de poisson, celle de gélatine d'os, l'albumine ou blanc d'œuf, le sang des animaux, la gomme, etc., mais elles n'opèrent pas de la même manière, et ne se combinent pas avec les mêmes parties.

Les matières qui exercent sur le vin une action *mécanique* sont les *cailloux* calcinés et réduits en poudre, l'*albâtre gypseux,* l'*albâtre calcaire,* les *coquilles d'huîtres* calcinées, le *papier gris,* etc.

Lorsque c'est la *colle de poisson* qui sert au collage des vins, on la coupe ou on la déchire en petits morceaux, on la fait tremper dans un peu de vin, avec son poids égal d'acide tartrique ; elle se gonfle, se ramollit, forme une masse gluante qu'on divise et qu'on verse sur le vin. On se contente alors d'agiter fortement, après quoi on laisse reposer. La colle, formée en grande partie de gélatine, se combine avec le tannin du vin, et acquiert par cette union une pesanteur suffisante pour se précipiter et former un réseau qui entraîne au fond du vase les parties colorantes, tartareuses, mucilagineuses et autres, qui se sont séparées ou qui tendent à se séparer du vin; cinq grammes de colle ainsi préparée suffisent pour coller deux cent cinquante litres de vin; une plus grande quantité de colle forme beaucoup plus de dépôt, et ne rend pas le vin plus clair.

Si on dissout cinq grammes de colle dans sept décilitres et demi de vin blanc, et que l'on complète le litre avec de l'eau-de-vie, la colle se conservera longtemps sans perdre de ses propriétés; il est indispensable de bien boucher la bouteille et de la tenir couchée à la cave.

L'albumine ou *blanc d'œuf* se combine avec le tannin, mais il est bien plus tôt coagulé par l'alcool; il forme aussi un réseau sur le vin qui peu à peu, se précipite et entraîne avec lui tout ce qui lui est superflu. Dans les climats chauds on substitue, nous a-t-on dit, pendant l'hiver, le blanc d'œuf à la colle;

cinq ou six suffisent pour cent cinquante litres de vin. On les bat d'abord avec une pincée de sel; on verse ensuite le mélange dans la pièce. Mais ce moyen ne doit pas être employé sans précaution, car pour s'être servi d'un œuf qui avait déjà éprouvé un commencement d'altération, on a souvent dénaturé ou masqué le parfum des vins. Il résulte aussi de nos observations sur les effets de la clarification par les blancs d'œufs, que, si on leur réunit les jaunes, le vin clarifié est davantage dépouillé de sa couleur et devient plus tendre.

Le *sang* est une autre albumine qu'on peut substituer à la colle et aux œufs; une portion se combine avec le tannin et avec les parties colorantes; l'autre est coagulée par l'alcool. Employé dans la proportion d'un cinquième de litre sur deux cent cinquante litres de vin, il procure aux vins fortement chargés en couleur, un rouge plus vif et plus flatteur; aux vins moins chargés en nuance, une couleur de vin vieux; aux vins déjà vieux, celle de pelure d'oignon plus ou moins prononcée; enfin, employé sur des vins blancs passés au jaune, il les décolore et leur rend leur couleur primitive; et si on lui adjoint cent vingt-cinq grammes de noir d'ivoire en poudre, parfaitement épuré, il lui enlève complètement sa couleur en le rendant blanc et clair comme de l'eau filtrée.

Le sang, étant susceptible d'une prompte décomposition, demande à être employé de suite; pour le conserver, deux moyens se présentent, son mélange par portions égales avec de l'alcool à 58 degrés, ou sa dessiccation. L'emploi du sang desséché est aujourd'hui en grande faveur pour la clarification; il fait la base des poudres répandues dans le commerce sous le nom de poudres de Julien, Mège, Beziat et autres; pour nous, nous n'admettons son emploi que pour les vins de cabaret ou de comptoir, et nous le rejetons pour les vins à mettre en bouteille, ayant reconnu que les œufs et la colle de poisson lui sont préférables.

Parmi les poudres destinées à la clarification des vins, la *pulvérine* d'Appert est une de celles qui méritent la préférence, non seulement par ses grandes propriétés clarifiantes, mais comme étant sans goût et sans odeur.

Employé à la dose de 16 à 20 grammes par pièce de 230 à 250 litres, elle opère une clarification qu'on pourrait dire instantanée, tant elle est prompte.

A la dose de 32 grammes, elle dépouille le vin d'une partie de ses principes tartareux, en lui procurant plus de moelleux et de finesse.

En doublant les doses de *pulvérine,* on procure, non seulement au vin d'une année toutes les qualités d'un vin vieux, comme saveur et comme couleur, mais on remet, ou établit, dans leur premier état, les vins blancs qui ont passé au jaune, les vins fatigués ou malades.

Employée pour les vins de liqueurs, elle en opère la clarification d'une manière si parfaite que le vin, au lieu de rester pâteux, acquiert ce moelleux, cette finesse et ce bouquet fin qu'on ne rencontre que dans les vins très vieux de cette espèce.

Cette poudre blanche, étant sans goût et sans odeur, est préférable assurément aux différentes poudres servant au même usage, dont la plupart ne sont qu'un composé de tannerie et de sang de bœuf.

Un autre avantage de la *pulvérine,* c'est que les lies qui en proviennent sont pures de goût et peuvent se clarifier ; si l'on considère son prix de 4 fr. le demi-kilog. divisé en 16 paquets de 32 grammes, on remarque de plus une économie de 50 à 80 p. 100 sur toutes les autres substances employées au collage des vins.

Poudre œnolophile.

La poudre œnolophile est composée d'albumine pure, obtenue du sang, après avoir débarrassé celui-ci de tous ses corps étrangers et de son principe d'animalisation, ce qui la rend d'autant plus précieuse, qu'elle peut alors être employée indifféremment au collage des vins, comme à celui des eaux-de-vie, du rhum et du vinaigre, sans avoir jamais à appréhender de communiquer au vin aucun goût étranger, n'en possédant pas elle-même. Elle a de plus, pour elle, un grand avantage économique, celui de la dépense de 5 à 6 centimes par pièce de 220 litres, ce qui en coûterait 30 à 40 en employant des œufs.

Le *lait* est quelquefois employé pour les vins de cabaret ou de comptoir, mais nous le rejetons pour les vins à mettre en bouteilles, les œufs et la colle de poisson lui étant préférables.

Il est quelquefois employé pour clarifier les vins blancs ; mêlé avec de la crême, il les décolore très légèrement ; avec 125 grammes de noir d'ivoire, il décolore les vins blancs qui ont contracté une teinte jaune, son action sur les vins approche de celle des blancs d'œufs.

On prétend que la *gomme arabique* est employée à la clarification, et que 62 grammes en poudre fine suffisent pour clarifier 400 litres de vin. Nous ne l'avons pas essayée.

La gélatine d'os, dont la parfaite extraction est due à M. Darcet fils, présente de grands avantages ; son action est la même que celle de la colle de poisson. Elle se combine principalement avec le tannin, la lie qu'elle produit est plus lourde et moins volumineuse que celle formée par les blancs d'œufs.

Passons maintenant en revue les substances dont l'action est simplement *mécanique*.

Les *cailloux* calcinés et réduits en poudre, à la contenance d'un litre, versés et fouettés dans un tonneau de 240 litres, entraînent, en se précipitant, toutes les impuretés qui obscurcissent la transparence du vin.

Le *sable* a été indiqué comme susceptible de produire le même effet ; mais, ayant remarqué que, sa précipitation étant trop prompte, il n'occasionnait pas une limpidité parfaite, nous n'en conseillons pas l'usage.

L'*albâtre gypseux,* employé à l'état de cristallisation, se précipite dans le vin comme les cailloux ;

-mais, quand il est calciné, il absorbe une quantité d'eau égale à 0, 21 de son poids, et tombe au fond du tonneau à l'état de plâtre cristallisé.

L'albâtre calcaire et les *écailles d'huîtres* calcinées agissent comme la craie ; leur emploi ne doit se faire que pour les vins très verts ou trop acides.

Le papier gris est un excellent clarifiant. En l'employant dans la proportion d'environ 1 kilog., non collé et bien réduit en pâte sur 230 litres de vin, il nous a rendu toute la transparence désirable à un vin qui était toujours resté louche bien qu'il eût subi différents collages.

Ainsi qu'on vient de le voir, il existe un grand nombre d'agents clarificateurs, tous plus ou moins bons, mais en général impropres aux exigences du vin ; car il ne faut pas seulement clarifier, il faut encore opérer la clarification sans détériorer le vin, sans attaquer ni sa couleur, ni son bouquet, surtout sans y introduire un principe de décomposition, de fermentation ou de maladie et sans faire un déchet considérable. Il faut, de plus, que l'agent clarificateur puisse, au besoin, désacidifier en même temps que clarifier les vins trop verts ou trop acides, ou clarifier et guérir tout à la fois ceux entrés en maladie, toutes circonstances qui étaient autant de problèmes, avant les belles découvertes de MM. Lebeuf et Cie, d'Argenteuil, chimistes œnologues, lesquels fournissent au commerce, depuis déjà un bon nombre d'années, des poudres de leur composition appropriées à l'état des vins, poudres qui ont mérité aux auteurs une récompense à l'exposition de Saint-Dizier et la préférence des maisons de commerce.

L'une des poudres dont nous parlons est désignée sous les noms de poudre graduée :

N° 1, clarifiant tous les vins rouges ou blancs, et les eaux-de-vie.

N° 2, les vins nouveaux.

N° 3, guérit les vins gras, ou malades.

N° 4, enlève les goûts de terroir ou de fût.

Les autres poudres portent les noms de :

Poudre anglaise, pour clarifier les vins, les bonifier et augmenter de suite leur bouquet ;

Poudre des vins de Bordeaux et de la Gironde, pour les clarifier ;

Poudre des vins de Bourgogne, pour les clarifier, les conserver et les dépouiller ;

Poudre des vins du Midi, pour les clarifier, les conserver, arrêter l'aigre et aviver leur couleur ;

Poudre décolorante, pour décolorer, clarifier les vins blancs et les vinaigres.

Considérations sur le collage des vins.

Nous n'avons pas à discuter sur la nécessité plus ou moins grande du collage, l'expérience ayant prouvé qu'il fait partie des moyens améliorateurs et conservateurs, non seulement des vins des mauvaises années, des mauvais cépages, de ceux dont les éléments constitutifs ne sont pas en rapport pour arriver à bonne fin, mais encore des vins qui ont pour eux le corps, la force et l'arome en partage.

En effet, si l'on fait subir à des vins communs, provenant de mauvais cépages très chargés en principes fermentescibles et acides, un, deux, et même trois collages la première année, on arrive à enlever à ces vins leur excès de ferment, d'acidité et de verdeur, et ces vins se conservent et s'améliorent d'une manière sensible.

Des collages distancés donnés à des vins ou trop chargés en couleur, ou laissant à la bouche une sorte d'empâtement, ceux-ci perdent une partie de leur couleur, ceux-là deviennent moins lourds et plus coulants.

Si enfin le collage est administré à des vins ayant du corps, de la force et de l'arome, ceux-ci gagnent plus vite en qualité et en finesse ; le bouquet et la maturité du vin se prononcent également plus tôt chez eux.

Mais, si le collage opéré une ou plusieurs fois pendant la première année est avantageux pour beaucoup de vins, il n'en faut pas conclure qu'il serait profitable à tous.

Ainsi les vins nouveaux, qui seraient légers, qui ne contiendraient qu'à peine, ou tout juste la quantité de ferment et d'acide nécessaires à leur fermentation insensible, perdraient en qualité, et leur conservation serait de peu de durée, leur fermentation étant devenue imparfaite.

Il en serait de même de ceux qui proviendraient des bonnes années ou des grands crus, par cela même que leurs constitutions se trouvant dans les conditions les plus favorables à leur bonne organisation, un collage viendrait déranger la bonne harmonie de leurs principes ; ce qui nous vient à dire qu'il faut opérer et multiplier les collages en raison de la constitution particulière du vin, et des circonstances qui peuvent ou viennent l'agiter, le tourmenter et le mettre en travail.

Le vin doit-il rester sur colle?

On dit généralement que ce sont les circonstances atmosphériques qui en déterminent la prolongation ou qui leur imposent les limites. Erreur!

Pour prouver que ce jugement est erroné, il nous suffirait de nous porter aux seules influences de l'atmosphère; mais nous avons encore la constitution des agents clarificateurs, et ceux du vin lui-même : recueillons leur influence, leur propriété, et déterminons le moment de soutirer le vin de dessus sa colle.

Quand on colle au sang, à la colle forte, il convient de soutirer aussitôt que le vin est bien éclairci et que la lie a eu le temps de bien s'agglomérer; la puissance décolorante que possède le sang, jointe à ses effets d'affadir le vin, et l'inconvénient qu'a la colle forte d'être un composé de substances animales le plus souvent à l'état de décomposition commençante, ne peuvent permettre au vin un plus long séjour sur ces sortes de colles; celle dite gélatine, par cela même qu'elle est épurée et clarifiée, présente moins d'inconvénient sous ce rapport; mais elle a le grand tort, à l'exemple du sang et de la colle forte, d'enlever au vin beaucoup de tannin et du principe colorant.

La colle de poisson, autre gélatine, a bien aussi le pouvoir de précipiter un peu le tannin de vin, mais ses effets sont moins funestes à la saveur des vins que ceux des substances que nous venons d'énoncer. Elle est de tous les agents clarificateurs le meilleur pour le collage des vins blancs.

Quant aux diverses poudres employées aujourd'hui, n'en connaissant pas la composition d'une manière précise, nous ne pouvons qu'attester leur bonne efficacité en général, ce qui nous oblige de conclure que, de tous les agents de la clarification dont les principes nous sont connus, la colle aux œufs bien frais, étant conséquemment à l'état de pureté de composition, est celle qui est le moins susceptible de communiquer au vin une saveur désagréable par un plus long séjour. Conséquemment, elle permet d'attendre plus longtemps le soutirage du vin. Voilà pour la composition des différentes colles les plus usitées.

Le séjour du vin sur la colle, dit-on généralement, doit être limité suivant les saisons : ce dire a peut-être une raison d'être, mais il n'est pas une vérité.

Il semble vrai, parce qu'en hiver, toutes végétations, toutes fermentations cessant en quelque sorte, le vin peut demeurer quelques mois sans danger sur sa lie ; qu'au contraire, au printemps, dans l'été, tous les éléments de la nature se prêtant plus ou moins aux actes merveilleux de la végétation et de la fermentation, le vin, alors ébranlé dans ses éléments, a besoin d'être soutiré plus tôt, de crainte que sa lie, tourmentée elle-même, ne vienne l'altérer.

Ce n'est pas une vérité, attendu qu'il est un fait bien acquis, que le vin, pendant toute son existence et principalement dans ses premières années, éprouve un mouvement intestin plus ou moins sensible ; que ce mouvement est plus grand encore dans la lie en raison de ses parties hétérogènes, lesquelles non seulement ont une tendance continuelle à remonter dans le vin par une sorte de fermentation continue, mais dégagent encore dans ce dernier toutes ses émanations, émanations d'autant plus faciles à se dégager que la lie est moins agglomérée et moins compacte.

De tous ces différents motifs, nous tirons cette conséquence, que, pour éviter de procurer au vin des principes fâcheux pour sa saveur et son bouquet, après l'avoir dépouillé par le collage de ceux qui étaient nuisibles à son élaboration, il est une limite, un temps auquel il convient de se conformer, si l'on ne veut pas encourir des conséquences parfois très funestes à la qualité du vin! Cette limite, avons-nous déjà dit, est celle où le vin est parfaitement éclairci et que la lie est jugée suffisamment précipitée et agglomérée pour n'avoir que peu de déchet.

Ce soin de ne pas laisser séjourner trop longtemps le vin sur la lie a principalement son mérite, pour ceux qui sont peu riches en tannin et en alcool, ceux encore qui sont susceptibles d'éprouver une perturbation, ou d'entrer en travail, aussitôt le changement de saison, la pousse de la vigne, sa floraison, et le moment des chaleurs.

CHAPITRE XIV

Arome, sève, bouquet et goût de terroir.

L'arome, a dit un savant chimiste, est dû à l'enveloppe du raisin : nous ne le pensons pas ! Ce principe existe, selon nous, dans les éléments intérieurs du raisin, et se développe d'autant plus que la fermentation a été mieux suivie et d'autant élaborée. Ce principe n'existe-t-il pas d'ailleurs dans le sucre, les sirops de fécule, de riz et autres substances sucrées, puisque les vins qui proviennent de leur fermentation ont aussi un arome qui leur est propre?

L'arome du vin est inimitable, et c'est un bien comme c'est peut-être un mal, car il est le seul principe qui fait défaut aux vins préparés par imitation, soit avec du sucre, du miel, soit avec la fécule de pomme de terre, le riz, la plupart des graines céréales et autres [1].

1. Voir leur préparation dans notre *Traité théorique et pratique de Vinification*, 3ᵉ édition.

Nous n'en dirons pas de même du bouquet, ce principe éthéré, difficile à reconnaître dans les temps froids, et très appréciable à la moindre chaleur, et dont on peut approcher d'une manière pour ainsi dire irréprochable en employant, soit nos formules pour l'imitation de celui que possèdent les vins de Bordeaux, de Bourgogne ou de Mâcon (67), soit l'infusion de fleurs sèches et mondées de sureau de l'année, dans le vin lui-même, pour lui procurer le bouquet de muscat, soit enfin les produits œnanthiques procurant à toutes espèces de vins, même ceux de liqueurs, le bouquet qui leur est propre et dont nous donnerons, à la fin de cet ouvrage, une liste détaillée avec leurs propriétés et leur prix, persuadé que nous sommes de nous rendre utile à nos lecteurs.

L'art, ainsi qu'on le voit par ce qui précède, peut, en bien moins de temps que la nature et avec plus de certitude, augmenter, même procurer au vin le bouquet qui lui manque.

Le bouquet étant d'une grande considération et passant généralement pour faire le mérite du vin, nous ne saurions trop recommander d'employer soit nos moyens ou ceux indiqués ci-dessus, soit encore un ou plusieurs des ingrédients formant la composi-

tion des aromes indiqués dans notre *Traité théorique et pratique de Vinification,* avec cette recomman-
dation d'être très avare dans leur emploi, ayant tout
à craindre de l'excès et rien du défaut.

La *sève* se distingue et diffère du bouquet en ce sens
que celui-ci se dégage à l'instant où le vin est frappé
d'air et qu'il flatte plutôt l'odorat que le palais ; sa
similitude avec l'arome proprement dit est telle,
que généralement on les confond. La sève se reconnaît à la dégustation, lorsque le vin a une sorte
de consistance, sans être ni pâteuse, ni sucrée, qu'il
embaume la bouche et continue de se faire sentir
après le passage de la liqueur. Elle est, pensons-
nous, une modification de l'arome opérée par la réaction des principes constituants du raisin, mais on ne
peut la confondre avec ce dernier, l'arome se rencontrant à sa manière dans tous les vins, soit qu'ils
proviennent de la fermentation du raisin, du sucre,
des sirops et autres, et la sève ne se remarque seulement que dans certains vins de raisin, n'oublions
pas de dire que la sève et le bouquet font le point
caractéristique des bons vins et des vins agréables.

Goût de terroir.

Nous n'avons pas ici à nous occuper des causes du goût de terroir dans les vins, le négociant n'ayant besoin que de savoir masquer ou corriger, faute de pouvoir mieux faire, la saveur désagréable de beaucoup de vins, qu'à tort ou à raison on nomme goût de terroir. Déjà il sait qu'on corrige ces sortes de vins en les coupant avec d'autres vins très francs, plus sapides que doux et davantage nerveux que manquant de sève : beaucoup savent aussi que des collages et des soufrages réitérés les corrigent autant, si ce n'est mieux, que par le coupage avec d'autres vins ; mais ce que bien peu d'entre eux ne savent pas, c'est la propriété du charbon végétal dont nous avons déjà parlé (72).

Par le charbon en poudre, nous avons procuré à des vins de Touraine et à beaucoup de vins de mauvais crus, une saveur sinon parfaite, mais plus agréable ; par lui, nous avons encore procuré de l'aménité à des vins ayant le goût de piqué, de soufre, même celui de fumée, ce que le gaz sulfureux n'a pu faire.

Enfin, par son aide, nous avons suspendu le pouvoir du ferment sur le vin, beaucoup mieux que par le gaz sulfureux lui-même.

Ces avantages du charbon sur le soufre, proviennent de ce qu'il est l'agent par excellence, pour neutraliser tous les mauvais goûts, même celui de putréfaction, tandis que le soufre n'a d'autre pouvoir que de paralyser momentanément le ferment provocateur de toute fermentation.

Mais si le charbon, pensera-t-on, enlève le mauvais goût, il enlèvera probablement aussi le bouquet. Cette crainte peut exister, en effet, pour un vin fait ou tout à fait vieux, tandis qu'elle ne peut pas avoir lieu pour un vin nouveau, attendu qu'il ne s'est pas encore développé, qu'en conséquence il se prononcera, au contraire, plutôt et d'une finesse d'autant plus grande, qu'il sera mieux débarrassé des agents qui feraient obstacle à son développement.

Si le charbon, avons-nous dit, enlève tous les goûts, il ne faut cependant pas en conclure que tous ceux provenant de terroir cèderont entièrement à son pouvoir, car il en est de ces goûts qui sont tellement tenaces, que tout moyen d'épuration devient imparfait ; dans ces circonstances l'emploi du charbon végétal ne ferait-il que d'enlever en partie le goût de terroir, ce ne serait pas moins toutefois procurer une amélioration au vin.

CHAPITRE XV

Du gouvernement et de la conservation des vins.

Inutile de dire que les vins en cercles doivent être placés sur chantier à une distance telle, que le soutirage au broc ou à la bouteille puisse se faire avec facilité. Une observation est seulement à faire : c'est que les tonneaux doivent être posés bien horizontalement, car, s'ils penchent en avant, la lie se rassemble près du fond antérieur, et l'on est obligé de poser la canelle très haut pour que la lie ne sorte pas avec le vin. S'ils sont inclinés en arrière, lorsque, après les avoir vidés jusqu'à la canelle, on les soulève pour faire couler ce qui reste, cela en fait retarder le soutirage, tandis que dans un tonneau placé horizontalement, la lie se fixe toujours, par son propre poids, au milieu de la cavité intérieure, et tout le vin clair s'écoule sans qu'elle puisse s'y arrêter ; c'est, d'ailleurs, une chose indispensable pour donner plus d'aplomb aux fûts qu'on voudrait gerber dessus.

Les tonneaux ainsi placés demandent à être visités souvent, afin de remédier de suite aux accidents qui peuvent survenir. C'est surtout pendant le mois qui précède ou celui qui suit les équinoxes, que les vins en cercles exigent une plus grande surveillance ; à ces époques ils sont sujets à fermenter ; les vins nouveaux, et surtout les vins blancs, ont souvent une fermentation très active ; alors le liquide se dilate, il presse fortement contre les parois des tonneaux, et se ferait jour entre les douves, ou en ferait partir un des fonds si on ne s'empressait de donner de l'issue au gaz acide carbonique qui se dégage de la liqueur, ou plutôt si on ne dégorgeait, à l'aide d'un fosset, quelques litres de vin.

C'est, enfin, à l'époque des équinoxes, que les vapeurs qui sortent de la terre, attaquent les cercles et les pourrissent quelquefois ; ces accidents, qu'on nomme *coup de feu*, sont très fréquents dans les caves peu profondes, lorsqu'elles sont humides et peu aérées ; l'action de ces vapeurs a tant de puissance pour détruire les cercles, qu'on a vu quelquefois toute une rangée se casser à la fois, ce qui occasionne la perte totale du vin.

8.

Il arrive encore d'autres circonstances où le vin se répand goutte à goutte et se perd dans la terre ; cela a lieu quand des cercles se trouvent cassés en dessous, ou qu'il se trouve un ou plusieurs trous de vers dans les douves. On ne saurait trop visiter les caves.

L'expérience a démontré qu'au point de vue de l'économie et principalement de la qualité du vin, l'enserrage en grands fûts ou en foudre est préférable, parce qu'il y a moins d'évaporation et que l'action de combinaison des principes du vin y est mieux soutenue et opérée plus complètement, le vin, ainsi conservé, est plus corsé, plus vineux, et possède davantage de bouquet.

Quel que soit le genre d'enserrage des vins, il faut placer ceux-ci dans des caves ou celliers éloignés de tous mouvements, à l'abri du soleil, des eaux ou autres matières en fermentation, ainsi que des gaz ou miasmes de toutes natures ; on doit de plus, pratiquer aux celliers une ou plusieurs ouvertures, soit au levant, soit au nord, afin de pouvoir les aérer au besoin.

Les remplissages, ainsi que nous l'avons déjà observé, doivent toujours se faire autant que possible avec du vin de même âge et de même nature, afin d'éviter toute perturbation.

Comme aussi, s'il survient le moindre dérangement dans le vin, il faut s'empresser de porter
remède, tout dérangement étant un indice de commencement de maladie : quels qu'en soient les
symptômes, on doit mécher un fût et opérer dedans
le soutirage du vin.

Quand le vin a, de plus, contracté une légère saveur d'aigreur, on doit, en remuant, lui ajouter après
le soutirage 1 1/2 à 2 litres de lait, agent des plus
absorbants et un palliatif de toute acidité naissante,
tandis qu'en laissant à l'aigre le temps de se prononcer davantage, le meilleur agent désacidificateur
ne parviendra que d'une manière très imparfaite à
en guérir le vin qui en aura été atteint, et encore,
ainsi que nous l'avons déjà dit (52), ce sera-t-il
au grand détriment de sa qualité.

Nous avons de plus remarqué que, lorsque le vin
se dérange de lui-même, l'addition d'un peu de tannin le rétablissait complètement et le préservait de
toute maladie.

Nous avons déjà fait remarquer l'importance d'entretenir les fûts pleins, et on reconnaîtra cette nécessité si l'on se rappelle que nous avons dit que
c'est à l'oxygène de l'air contenu dans le vide de la
pièce qu'est dû le commencement de l'acescence du

vin et de sa détérioration. Lorsqu'on néglige de faire le remplissage une fois au moins par mois, non seulement les vins peuvent s'altérer, mais encore ils éprouvent une perte notable, en ce sens qu'un fût qui perdra un demi-litre le premier mois, en perdra près d'un litre ou plus au bout de deux.

CHAPITRE XVI

De la mise en bouteilles.

L'expérience a prouvé que le vin mis en bouteilles par un temps sec conserve sa *limpidité*; qu'au contraire, mis en bouteilles par un temps humide ou par un vent du sud, il se trouble.

Le vin se trouble encore lorsqu'il est mis trop jeune ou trop nouveau en bouteilles, attendu que les principes qui le constituent sont encore sous le pouvoir d'une fermentation insensible, fermentation qui progresse au moment de la pousse, de la sève et de la fleuraison de la vigne.

Il arrive aussi que le vin, quoique arrivé à sa perfection par la combinaison intime des éléments qui le constituent, éprouve quelques changements; cela vient de ce que le vin a de la vie, qu'il a, comme nous, son temps de croissance et de décroissance, et que, comme nous, sa santé est assujettie aux éléments terrestres et célestes ; de là, qu'au moment de la sève, de la fleuraison de la vigne et des variations atmosphériques, il se trouble, tourne quelquefois au gras, ou dépose une partie de sa gravelle, quelquefois aussi une partie de sa couleur ; qu'en temps de chaleur il s'énerve et laisse échapper son bouquet. Abandonné à lui-même, la nature, qui lui a ôté la santé, la lui rend avec le temps ; tandis qu'en cherchant à la lui donner nous-mêmes, semblables au médecin que nous faisons appeler pour nous guérir, nous le tuons le plus souvent.

Pour procéder à la mise en bouteilles, on place un robinet à vis à six centimètres du jable, on l'entr'ouvre pour chasser l'air qu'il contient, on donne un trou d'air avec une vrille, un coup de foret pouvant ébranler la lie, et on exécute le soutirage en bouteilles en entr'ouvrant le robinet, de manière à ce qu'il reste continuellement ouvert, c'est-à-dire de façon à ce que l'on ait le temps de boucher une bouteille tandis qu'une autre se remplit.

Pour n'éprouver aucune fuite par les bouchons, il faut les choisir de bonne qualité, de même que si l'on veut garder longtemps des vins en bouteilles, il convient de les goudronner, afin de préserver les bouchons de l'humidité et des insectes, des cloportes principalement, dont le bonheur est de les ronger au point de pénétrer jusqu'au vin.

On trouve le goudron tout préparé chez les marchands de bouteilles et chez les marchands de couleurs ; on en prépare d'excellent en prenant, pour trois cents litres ou bouteilles :

Poix résine. . . . . . . 1 kilogramme.
Poix de Bourgogne. . . . 500 grammes.
Suif à chandelles. . . . . 100 grammes.
Rouge de Prusse. . . . . 125 grammes.

On fait fondre ensemble en remuant.

Il existe beaucoup d'autres moyens de préparer du goudron que nous croyons inutile de citer ; quel que soit celui qu'on emploie, il est souvent utile de lui donner une nuance.

Pour obtenir un beau *rouge,* il faut adjoindre au goudron, lorsqu'il est fondu, du vermillon.

— un *rouge foncé,* de l'ocre rouge, ou mieux du rouge de Prusse.

— un beau *noir,* du noir d'ivoire.

— un beau *jaune,* de l'orpin.

— un beau *vert,* de l'orpin et du bleu de Prusse.

Enfin, le mélange de différentes couleurs donnera d'autres nuances plus ou moins foncées, suivant la quantité que l'on introduira de chacune d'elles.

Deux points essentiels à observer, pour ne pas casser de bouteilles en les goudronnant, c'est de maintenir le goudron à une chaleur toujours au-dessous de celle de l'ébullition, et de ne laisser aucune humidité autour des bouchons des bouteilles.

CHAPITRE XVII

Des altérations du vin. Moyens de les prévenir et de les corriger.

Presque tous les vins sont sujets à beaucoup d'altérations, qui ne sont souvent que des maladies que l'on peut prévenir ou guérir ; les unes sont naturelles et les autres accidentelles.

On considère comme altérations naturelles, toutes celles que contractent les vins sans le concours des causes étrangères, telles sont principalement la *graisse*, l'*aigre*, l'*amertume* et la *dégradation* de la couleur. On nomme altérations accidentelles, celles causées par des circonstances étrangères à la nature du vin et à la qualité qu'il doit au cépage, au sol, au climat, comme les *effets* de la *gelée*, l'*évent*, les *goûts* de *fût*, de *moisi* et *d'œufs gâtés*.

Quelles que soient les altérations et dégénération du vin, nous sommes autorisé à croire qu'elles sont autant les suites de l'influence des circonstances qui accompagnent et qui suivent la fermentation que du *défaut de proportions respectives des principes constituants*. On comprendra mieux cette assertion en se reportant aux explications données dans notre *Traité de Vinification*.

Quelles que soient les causes de l'altération du vin, les moyens à employer, lorsqu'elles se sont manifestées, ont besoin d'être modifiés selon l'âge du vin, le genre et l'état de la maladie.

§ I. *De la graisse des vins.*

Lorsque la graisse se manifeste, le vin perd sa fluidité et file comme de l'huile.

On a observé que les vins blancs tournent plus facilement à la graisse, notamment ceux qui n'ont pas complété leur fermentation. Cette dégénération a lieu surtout lorsque la saison a été pluvieuse, les vendanges humides et que le vin a plus de *liqueur* que de *sève*, ou qu'il contient moins de *tartre* et de *tannin*. En général, cette maladie du vin exige peu de remèdes ; il est rare que la liqueur ne se rétablisse pas d'elle-même.

Lorsque les circonstances ne permettent pas d'attendre la guérison du vin, on y parvient assez promptement en lui ajoutant, sur 230 litr., 500 gr. de tartre en poudre, dissous sur le feu avec autant de sucre, et battant bien ensuite le mélange, ou simplement 100 grammes ou plus d'acide tartrique, suivant l'état du vin.

On parvient encore à débarrasser le vin de sa graisse en employant 30 grammes de tannin pur, dissous dans un demi-litre d'alcool à 85 degrés, et fouettant le liquide. Nous préférons ce moyen.

Nous avons enlevé la graisse du vin, en lui additionnant quelque peu d'acide sulfurique étendu d'un peu d'eau et le neutralisant, après dégraissage et soutirage du vin, par son même poids de craie en poudre.

Nous avons encore débarrassé le vin de sa graisse, en le faisant passer plusieurs fois dans un tuyau de fer-blanc descendant jusqu'au fond du tonneau, fermé à son extrémité et garni sur toutes ses parois d'une multitude de petits trous.

§ 2. *De l'acescence du vin.*

L'acescence du vin est sa maladie la plus commune. Elle a principalement lieu, sur les vins faits, par la présence de l'air, qui a la propriété d'acidifier

tous les liquides vineux ; de là, la nécessité de mécher l'intérieur des fûts restés en vidange, ainsi que
nous avons déjà eu l'occasion de le conseiller, et d'y
permettre le moins possible l'introduction de l'air en
tirant le vin, chose devenue facile, en se servant des
faussets hydrauliques de Bélicard, inventeur breveté.

Lorsqu'un vin est passé à une acescence prononcée, aucun moyen ne peut guérir le vin qui en est
affecté, l'aigreur étant un ennemi qui reparaît sans
cesse, malgré son apparente disparition par les
moyens employés pour la chasser. Le mieux à faire,
dans pareille circonstance, est d'abandonner le vin
au vinaigrier ou de le livrer à une prompte consommation après l'avoir mélangé avec d'autre vin un
peu doucereux, ou édulcoré d'un peu de sirop, de
sucre, ou de tous autres équivalents.

Le vin passe à l'acescence parce que la puissance
fermentescible existe encore dans ses molécules, et
que, ne trouvant plus de partie sucrée à convertir en
alcool, elle attaque les autres principes constituants,
l'alcool lui-même, et les fait tourner à l'acide ; de là,
l'avantage de soutirer, clarifier, et, plus encore, de
soufrer les vins, pour paralyser le ferment.

Le vin prend encore de l'aigreur par l'effet de l'in-
constance de la température, qui rétablit un mouve-

ment spontané dans ses molécules, et aussi par le manque d'une suffisante quantité de tannin dans sa constitution.

Qu'il soit léger ou bien vineux, il prend de l'acide par le seul contact de l'air ; de là l'avantage de tenir les tonneaux toujours pleins et bien bouchés, et la nécessité de les déposer dans des endroits d'une température invariable et moindre que celle qui établit naturellement une fermentation, tels que des caves profondes.

Le vin s'aigrit quelquefois, parce qu'il est déposé sur des chantiers ou sur un plancher mobile, recevant souvent un mouvement d'agitation, ses lies se déplacent, se mêlent dans le vin, et y rétablissent un mouvement de fermentation qui altère ses principes.

Il est enfin une autre cause qui donne lieu à l'acescence, c'est l'époque de l'année où la chaleur se renouvelle, c'est celle de la végétation, et le temps où la vigne pousse avec plus de vigueur ; le vin, alors, éprouve un mouvement intestin qui bouleverse sa constitution ; et si on ne s'empresse pas de diminuer sa disposition à la fermentation, par le soutirage, par la clarification ou par le soufrage, il ne tarde pas à s'altérer.

On prévient la dégénération acéteuse, en écartant toutes les causes que nous venons d'assigner. On la corrige, et on rend les vins plus potables par les moyens suivants :

On ajoute, par pièce de la contenance de deux cent cinquante litres, trente grammes de chaux vive qu'on éteint préalablement avec de l'eau, quantité d'ailleurs variable, selon le plus ou le moins d'acidité. On agite fortement, on laisse reposer et on tire à clair ; on ajoute ensuite à la quantité du vin soutiré huit ou dix kilogrammes de cassonade ou de sucre, on agite de nouveau, et après solution complète du sucre, on colle.

Autrement, on soutire le vin dans un tonneau fortement imprégné de soufre, et on le colle, en même temps, avec six blancs d'œufs et leurs coquilles. Cinq ou six jours après, on le soutire encore dans un tonneau plus ou moins soufré, suivant que le vin s'est éclairci et a perdu de son acide ; si ce double soufrage n'enlève pas entièrement l'aigreur, il suspend du moins son action destructive et permet de mettre le vin immédiatemeut en consommation avant sa nouvelle apparition.

Un moyen bien simple, qui nous a réussi avantageusement pour écouler à la vente des vins aigres, est celui-ci.

On le soutire dans un fût bien méché, et on lu ajoute une quantité égale du mélange suivant :

Eau, 8 parties 1/2, en mesure.

Alcool distillé à 60 degrés, bon goût, 1 partie 1/2.

Sucre, 1 gramme par litre.

Tannin, 2 décigrammes par litre.

Voici ce qui se passe dans cette opération :

Nous avons mêlé huit parties et demie d'eau avec une partie et demie d'alcool, ce qui rend cette eau au même degré de force que les vins ordinaires, et en versant ce mélange, avec la même quantité de vin altéré, nous ne faisons donc qu'ajouter une liqueur ayant la même vinosité; d'un autre côté, par cette addition, le vin du tonneau perd la moitié de son acidité, le sucre que nous employons, et dont la quantité peut s'augmenter suivant le plus d'acidité du vin donne à l'acide, qui est encore en surabondance, un mœlleux agréable, au lieu d'être sûr. Le tannin, de son côté, fournit à l'eau un principe qui lui manquait et un opposant aux effets de rigueur. Il y a donc non seulement un avantage réel pour la qualité du vin en employant ce procédé, mais encore un surcroît de bénéfice.

Il existe encore d'autres moyens, mais que nous n'avons pas expérimentés, tels que l'emploi de l'acide sulfurique à la dose de 30 grammes par pièce, celui de noix sèches à raison de 2, bien brûlées, et jetées tout enflammées dans chaque litre de vin, etc.

D'autres moyens, enfin, que nous avons essayés, mais que nous sommes éloigné d'approuver, consistent dans l'emploi de la soude, de la potasse, de la craie, du blanc d'Espagne en poudre.

Nous n'approuvons pas leur emploi, parce que leur effet sur le vin est le même pour chacune de ces substances ; qu'en même temps qu'elles s'emparent de l'acide produit par l'acescence du vin, elles s'emparent aussi de celui qui lui est propre ; que les vins ainsi traités s'éclaircissent difficilement, même étant collés, qu'ils ont une saveur étrange, et que leur nuance, au lieu d'être d'un rouge vif, est d'un rouge fauve ou incertain.

En définitive, notre conseil est de livrer au vinaigrier tout vin atteint d'aigreur, aucun moyen ne pouvant le guérir radicalement de cette maladie sans attaquer sa constitution.

§ 3. *De quelques autres altérations naturelles.*

Les vins contractent encore avec le temps une imperfection qu'on appelle *amertume;* ceux de Bourgogne y sont très sujets. Jusqu'à ce jour, l'amertume a été considérée comme une suite naturelle du travail du vin; elle s'annonce toujours par un dérangement dans la couleur; en additionnant à une pièce 135 grammes d'acide tartrique, quelquefois plus, suivant le degré d'amertume, et 10 à 15 grammes de tannin, on arrête souvent les progrès de l'amertume; et si, huit à dix jours après, on le soutire dans un fût méché, et qu'on le colle en y ajoutant 200 grammes de noir végétal bien lavé, on le rétablit dans son premier état.

L'altération de la couleur est, chez quelques vins, et particulièrement chez les rouges, qui sont les plus colorés, un indice de leur vieillesse; mais, lorsqu'elle est due à d'autres causes, elle est alors une maladie. Dans ce cas, les vins rouges deviennent troubles et noirâtres, et les blancs prennent une teinte jaune.

On rétablit les vins rouges en les mêlant avec des vins plus jeunes, ou en leur additionnant un peu d'acide tartrique et principalement du tannin.

Le vin blanc qui jaunit sur sa lie peut être rétabli en le brouillant avec sa lie, le collant immédiatement et le soutirant dans un fût méché; lorsqu'au contraire, il jaunit après le soutirage, les meilleurs moyens à employer sont ceux que nous avons indiqués aux pages 61, 72, 119 et 123.

On voit encore des vins laisser à leur surface des molécules blanches et légères, ayant entre elles très peu d'agrégation, appelées communément *fleurs;* ce phénomène n'a ordinairement lieu que sur les vins légers ou dont les fûts sont en vidange, mais principalement sur ceux qui ont été allongés d'eau. Il y a lieu de penser qu'il n'est dû qu'à la présence de l'air ou plutôt de son oxygène; et ce qui semble le prouver, c'est que dans un fût qui est exactement plein, la création des fleurs n'a pas lieu. Un autre exemple qui nous paraît concluant, c'est que, de deux bouteilles tirées en même temps au même tonneau, tenez-en une couchée et l'autre debout, le vin de celle tenue couchée ne se dérangera pas, tandis que celui de la bouteille tenue droite prendra des fleurs, et, avec le temps, de l'acidité.

Pour enlever les fleurs du vin en bouteilles, il suffit de remplir celles-ci entièrement et un instant après de souffler dessus. En remplissant de même les tonneaux, on enlève la plus grande partie des fleurs; mais pour en priver entièrement le vin, il faut faire le soutirage du vin dans un fût bien méché et le coller.

Les vins qui, par vieillesse ou par suite d'un trop long contact avec l'air ambiant (celui qui nous environne), ont perdu de leur spiritueux, prennent un goût d'évent. Si ce goût est fortement prononcé, il n'y a pas à espérer de les rendre jamais potables; mais si l'on s'y prend à temps, on parvient à arrêter les progrès de la décomposition, en soufrant et soutirant et en ajoutant un ou plusieurs litres d'alcool et environ 50 grammes de tannin et 500 grammes de bonne huile nouvelle ou 500 à 1,000 grammes de noir de charbon végétal en poudre bien lavé, ce qui est beaucoup plus prompt et plus sûr.

Enfin, les vins que l'on garde trop longtemps en tonneaux, et qui sont arrivés à leur plus haut degré de maturité sans avoir été mis en bouteilles, prennent ordinairement un goût de vieux particulier, auxquels vins on donne le nom de vin qui *vieillarde*, et, lorsque ce goût est davantage prononcé, de vin *passé*. Le meilleur moyen pour rappeler ces sortes de vins à la vie est de les couper avec un vin plus jeune et de bonne qualité, dans une proportion telle que ce mauvais goût disparaisse, ou de les rafraîchir par l'addition d'acide tartrique et d'un peu de bonne eau-de-vie pour les soutenir.

CHAPITRE XVIII

Des altérations accidentelles.

Nous avons dit que nous regardions comme telles, les effets de la *chaleur* et de la *gelée*, l'*évent,* les goûts de *fût,* de *moisi* et *d'œufs gâtés*.

Lorsqu'un vin est frappé de chaleur, il en résulte une fermentation tellement tumultueuse, qu'il faut de suite en tirer quelques bouteilles et donner de l'air en débondonnant ; autrement, des cercles peuvent se casser, un fond peut s'échapper. Ce mouvement trouble la limpidité, altère la couleur et laisse au vin un goût d'échauffé désagréable.

On emploie plusieurs moyens pour remédier à cet accident ; les uns introduisent de la glace dans le tonneau et l'arrosent fréquemment d'eau fraîche ; d'autres déplacent le vin pour le mettre dans un endroit plus frais ; ce qui nous a réussi efficacement, c'est un double soutirage et collage dans des fûts fortement méchés et l'emploi de 4 à 500 grammes de charbon en poudre par pièce pour les deux soutirages.

Lorsque la gelée s'est fait sentir, au point de geler le vin dans les tonneaux, le moyen le plus simple est de soutirer ce qui est liquide. La partie aqueuse étant la seule qui se congèle, à moins d'un froid excessif, ce que l'on perd en quantité par ce procédé, on le gagne bien au delà par la qualité spiritueuse. Si on laisse dégeler le vin, la couleur devient louche et s'affaiblit. Il faut alors soutirer le vin dans un tonneau fortement soufré, lui ajouter un peu d'acide tartrique pour raviver sa couleur, et un ou deux pour cent d'alcool pour le rehausser en vinosité.

Les goûts de fût et de moisi sont dus au mauvais état des tonneaux, celui d'œuf gâté provient du peu de fraîcheur de ceux qu'on a employés pour le collage. Ces goûts sont difficiles à détruire, pour ne pas dire impossibles, et l'on doit se garder de mélanger ces vins, même à très petites doses, avec d'autres vins auxquels ils communiqueraient infailliblement leur mauvais goût.

On a conseillé, pour corriger les vins ainsi viciés, de commencer par les soutirer dans un fût imprégné de vapeur sulfureuse. On brûle ensuite, comme du café, 150 grammes de froment pour une pièce; on enferme ce froment dans un fourreau de toile, et on le fait entrer brûlant par la bonde, que l'on bouche parfaitement, en ayant attention de laisser ressortir par cet endroit la ficelle à laquelle est noué le fourreau, afin de pouvoir le retirer, ce qu'il faut faire vingt-quatre heures après; on verse dans un autre fût environ vingt-cinq litres de lie fraîche, et l'on soutire dessus le vin qu'on veut rétablir; après un repos convenable, on soutire et l'on colle.

De notre côté, nous avons rendu réellement potables des vins viciés, en les soutirant et en jetant dedans, à différents intervalles, des charbons bien allumés, puis les soutirant le lendemain dans un fût méché, et fouettant dedans 500 grammes de bonne huile. C'est seulement après huit à quinze jours de repos qu'on peut essayer de les mélanger avec d'autres vins francs de goût.

Nous ferons remarquer, en terminant, que les moyens généralement employés pour remédier aux légers accidents du vin consistent dans le soutirage, le soufrage, le collage et le mélange avec d'autres vins qui jouissent des qualités que le vin altéré a perdues, mais que dans les accidents graves ou de dérangement complet, il faut avoir recours aux moyens que nous avons énoncés.

Quant aux proportions du mélange, on doit concevoir que nous ne pouvons les préciser, étant naturellement subordonnées au degré du rétablissement de la qualité du vin, à la durée qu'on lui réserve, et au goût de celui qui le fait. Pour l'opérer plus sûrement, on peut essayer le mélange dans une bouteille qu'on laissera reposer vingt-quatre heures, et on sera à même d'augmenter ou de diminuer les proportions.

Mais, ainsi que nous l'avons déjà observé, tous les moyens employés pour rétablir les vins affectés de maladie quelconque n'étant que des palliatifs, on doit s'empresser de les mettre en consommation, la maladie ne tardant pas à reparaître avec une nouvelle énergie; ajoutons pourtant que de toutes les maladies, celle de la graisse est la seule qui se guérit radicalement, soit par le temps, soit par les procédés que nous avons indiqués.

CHAPITRE XIX

Disposition et conservation des tonneaux pour les soutirages.

Le vin ayant la propriété d'absorber promptement les émanations des corps qui l'environnent, on ne saurait trop apporter de soins pour empêcher les fûts vides de contracter des goûts étrangers.

Le moyen employé jusqu'à ce jour pour préserver les tonneaux de toute altération est celui de leur soufrage ; voyons à quel moment il faut les soufrer.

Une mèche soufrée maintient sa combustion dans un fût qui était plein et qu'on vient de vider ou qui l'a été il y a peu de jours ; au contraire, elle s'éteint dans le même fût dont on a trop différé le soufrage ; l'exactitude de ces deux faits indique qu'il faut mécher les fûts aussitôt qu'ils sont vides.

Tout fût qui refuse la mèche doit être considéré comme impropre au remplissage, car il procurerait, tôt ou tard, de l'altération au vin, à moins de le purifier par un lavage à la chaux éteinte suivi d'un rinçage à l'eau pure et du soufrage. On pourra exécuter le soufrage, ainsi que nous l'avons déjà expliqué, en mettant le tonneau bonde dessous et en y insufflant de l'air, à l'aide d'un soufflet introduit dans le trou de soutirage, ou simplement en le tenant la bonde dessous pendant dix ou douze heures ; ajoutons que le soufrage doit se faire plus fortement que pour un fût qui prend mèche naturellement, et qu'on doit de plus ne remplir le fût ainsi soufré que vingt-quatre heures après, afin de donner le temps aux vapeurs sulfureuses de neutraliser les parties acidifiées contenues dans les pores du bois.

Il arrive des cas où, malgré le soufrage, les fûts prennent, avec le temps, des odeurs étrangères, appelées, improprement, goût de *fût*, goût de *moisi*, ou bien *mauvais goût*. Dans ces circonstances, l'habitude est de défoncer les tonneaux pour brosser et quelquefois gratter soit des taches, soit de la mousse desséchée, soit une espèce de barbe soyeuse, qui y ont adhéré, opération qu'on fait suivre d'un lavage à l'acide sulfurique étendu d'eau, d'un second lavage à la chaux éteinte ou simplement d'eau et de chaux éteinte ; mais, pour nous, tous ces moyens ne sont que des palliatifs nécessaires à rendre les tonneaux tout au plus convenables à contenir des vins dont la consommation aura lieu dans l'espace de quelques jours, mais jamais pour des vins à expédier au loin ou à conserver.

Un fût est-il neuf, on doit, avant de s'en servir, y verser 250 grammes, ou plus, de sel de cuisine et 10 à 12 litres d'eau bouillante, fermer le tonneau et l'agiter de temps en temps en tout sens ; quelques jours après, l'eau, étant saturée d'une partie des principes extractifs et solubles du bois, sort du tonneau d'une couleur brune très foncée ; on la remplace par de l'eau propre, une ou deux fois, pour rincer le fût, et après être bien égoutté, on le mèche ensuite.

Différemment encore, et ce qui est mieux, c'est, après le lavage de laisser séjourner, pendant au moins vingt-quatre heures, 8 à 10 litres d'eau bouillante et des fleurs de pêcher ; voilà pour les fûts neufs dont l'emploi spécial est pour enfûter les vins nouveaux.

Les vins vieux se mettent toujours, lorsqu'on les soutire, dans des tonneaux avinés, par conséquent dans des tonneaux d'une ou de plusieurs années de service, parce qu'ils maintiennent mieux leur qualité. Ajoutons que soutirés dans des fûts ayant

contenu de l'eau-de-vie, ils s'améliorent singuliè-
rement.

Le rinçage des fûts se fait assez généralement
avec une ou plusieurs eaux ; ce moyen est imparfait,
attendu que l'eau n'enlève que les lies ou les impuretés flottantes, et non celles qui, plus solides, restent attachées aux parois des douves ; on doit, pour
un bon rinçage toujours se servir d'une chaîne en
fer.

CONTENANCE DES FUTS

ADMISE PAR L'ADMINISTRATION

Avec leur prix des droits d'entrée dans Paris, fixé à raison de 20 centimes 6 par litre.

Anjoù	230	} 47 38	Gâtinais	230	47 38
Auvergne	230		La Chaise	225	46 35
Beaujency	236	48 62	Loiret	236	48 62
Beaujolais	215	44 29	Mâcon	212	43 68
Beaune	228	} 46 97	Marseille	215	44 29
Bordeaux	228		Nantes	230	} 47 38
Bourgogne (la feuil-			Orléans	230	
lette de)	136	28 02	Pouilly-sur-Loire	215	44 29
Cahors	220	45 32	Renaison	210	43 26
Châlon	228	46 97	Riceys	220	45 32
Charlieu	212	43 68	Sancerre	210	43 26
Cher	250	51 50	Sologne	230	47 38
Chinon	228	46 97	Touraine	250	} 51 50
Fitou	220	} 45 32	Vouvray	250	
Gaillac	220				

PLACE DE PARIS.

Nouveau tarif de frais à l'usage des commissionnaires en vins, spiritueux et vinaigres
en vigueur depuis le 1ᵉʳ février 1861.

NATURE DES FRAIS.	TAXATION DES FUTS DE								VINS en bouteilles. Les 100 bouteilles.	OBSERVATIONS.
	135 litres et au-dessous.	Feuillette, basse Bourgogne.	137 à 250 litres.	251 à 350 litres.	351 à 450 litres.	451 à 575 litres.	576 et au-dessus.	à l'hecto-litre.		
	fr. c.	fr. c.	fr. c.	fr. c.	fr. c.	fr. c.	fr. c.	fr. c.	fr. c.	
Réception, remplissage et livraison	» 20	» 30	» 40	à l'h.	à l'h.	à l'h.	à l'h.	» 15	» 50	
Gerbage à l'arrivée, regerbage après soutirage	» 15	» 15	» 20	» »	» »	» »	» »	» 08	» 25	Le magasinage est compté par période de 30 jours. Toute période commencée est due intégralement.
Dégerbage	» 15	» 15	» 20	» »	» »	» »	» »	» 08	» 25	
Magasinage à couvert	» 20	» 30	» 40	» »	» »	» »	» »	» 15	» 50	
Id. à découvert	» 10	» 15	» 20	» »	» »	» »	» »	» 07 1/2	» 25	
Soutirage ou dépotage	» 30	» 30	» 40	» »	» »	» »	» »	» 15	» »	
Dépotage pour mesurer	» 40	» 50	» 60	» »	» »	» »	» »	» 25	» »	
Collage, fournitures comprises	» 30	» 40	» 50	» »	» »	» »	» »	» »	» »	
Cercles	» 20	» 30	» 30	» 35	» 35	» 50	» 50	» »	» »	
Cercles en fer	» 60	» 75	» 75	» 90	1 »	1 »	1 20	» »	» »	
Peignes, copeaux, palastres, plaques	» 30	» 30	» 30	» 30	» 40	» 40	» 40	» »	» »	
Douves	» 75	» 75	1 »	1 »	1 »	1 25	1 25	» »	» »	
Entes et pièces de fond	» 50	» 50	» 50	» 50	» 75	» 75	» 75	» »	» »	
Plâtrage	» 40	» 40	» 60	» 60	» 60	» 70	» 70	» »	» »	
Acquit-à-caution, certificats de décharge et régie, timbres, ports de lettre	» »	» »	» »	» »	» »	» »	» «	» »	» »	Les déboursés.
Prise en charge d'acquits accompagnant des boissons non consignées et délivrance de nouveaux acquits	» »	» »	» »	» »	» »	» »	» »	» 15	» . »	
Commission de vente sur les vins ordinaires et les vinaigres	1 »	1 »	2 »	à l'h.	à l'h.	à l'h.	à l'h.	1 30	10 »	2 % au-dessus de 65 fr. l'hectolitre.
Commission de vente sur le prix brut des esprits et sur les vins de 101 à 150 fr. la pièce	2 %	2 %	2 %	2 %	2 %	2 %	2 %	» »	» »	
Commission de vente sur le prix brut des autres spiritueux et des vins au-dessus de 150 fr.	3 %	3 %	3 %	3 %	3 %	3 %	3 %	» »	» »	Dans le cas de transit d'office, pour quelque cause que ce soit, il ne sera dû que moitié du droit si le retrait de la marchandise a lieu dans le délai de 4 jours.
Commission de vente sur le prix brut des vins de liqueur	4 %	4 %	4 %	4 %	4 %	4 %	4 %	» »	» »	
Commission de transit volontaire	» 50	» 50	1 »	à l'h.	à l'h.	à l'h.	à l'h.	» 65	2 50	

Demi-commission de vente.....	Elle est due en cas de vente ou de retrait des boissons par le commettant.	
Courtage..................	Tout courtage est à la charge de la marchandise, et sera prélevé en sus de la commission.	
Ducroire ou commission de garantie des ventes..........	1/2 0/0. Ce droit est dû sur le prix brut de toutes les ventes, même sur celles stipulées au comptant, à moins que le payement n'ait eu lieu à la livraison.	
Assurance contre l'incendie.... (Elle est obligatoire)......'.	0,75 pour 1000 fr. sur les vins et vinaigres. 1 fr. pour 1000 fr. sur les esprits et autres spiritueux et par période indivisible de trois mois.	

N. B. Le commissionnaire n'est point assureur. En cas de sinistre, il fait délégation pure et simple aux commettants jusqu'à concurrence de leurs droits sur les assureurs.

Conditions des ventes.

4 mois de terme ou de 2 0/0 d'escompte pour les vins de haute et basse Bourgogne, du Mâconnais, de l'intérieur, de l'Est, et pour les spiritueux.

6 mois de terme ou 3 0/0 pour les vins de toute autre provenance.

————

Les membres de la Commission représentative du commerce des vins et eaux-de-vie.

Émile Balmont, Cherrier, Chamomonard, Delaleu, Guérin, Guillier aîné, Émile Galichon, Houdard, Émile Leroux, Ligeron, Marais, Pouthier, Rizaucourt, F. Valette.

Élie Lanquetin, *président ;* Baudeuf, Teissonnière, *vice-présidents,* Aubret, *secrétaire.*

RENSEIGNEMENTS

ET

CONSEILS PRATIQUES

Coloration des vins.

On nous écrit du département de Saône-et-Loire :

« Monsieur,

« Vous nous avez bien fait connaître, page 73 de votre précieux ouvrage, *Immense Trésor des Marchands de Vins,* tous les avantages et l'innocuité des roses rouges trémières pour la coloration des vins ; mais, de n'avoir pas indiqué en même temps dans quelle proportion on doit employer ces fleurs, c'est nous avoir privé d'une double reconnaissance pour votre importante communication.

« Soyez assez bon pour, etc. »

Réponse. — 300 grammes de roses trémières sèches et mondées (4 fr. 50 c. le kil.) procurent à 100 litres de vin blanc la nuance rouge des vins de Narbonne.

La quantité à employer pour augmenter la couleur des vins rouges est variable en raison de l'intensité des vins et de celle qu'on désire leur procurer.

Pour savoir combien il faut employer de ces fleurs pour augmenter la couleur plus ou moins légère d'un vin, il faut, avant tout, préparer avec les roses trémières un vin de teinte de la manière qu'il va être dit; cela fait, on verse sur un litre de vin à remonter en couleur autant de centilitres de vin de teinte qu'il est nécessaire pour arriver à lui donner le ton de couleur désiré, tenant compte du nombre de centilitres de vin de teinte employé, on a la mesure de celui nécessaire pour remonter en couleur 100 litres du même vin, et l'on peut, au besoin, en apprécier la dépense.

Vin de teinte de roses trémières.

Pour opérer en grand, on place debout un fût sur chantier; on établit une trappe sur le fond supérieur pour l'introduction et la sortie des roses, puis on assujettit dans l'intérieur du fût, à 10 centimètres du fond, un faux fond perforé de quelques trous, et à l'extérieur un robinet de décharge placé entre ces deux fonds. Le fût ainsi disposé, on l'emplit jusqu'aux neuf dixièmes de fleurs sans les tasser, et on finit de le remplir entièrement de vin pour le fermer ensuite. Huit jours après, ou plus, ce qui est encore mieux, on soutire le vin de teinte dans un fût fraîchement vidé et non méché ; on laisse égoutter les fleurs, et on les recouvre d'autre vin pour obtenir une deuxième infusion ; celle-ci soutirée, on la réunit à la première. En ajoutant à ces deux infusions, ou à ce vin de teinte, de l'acide tartrique, l'on rend sa couleur d'un rouge plus vif ; en ajoutant de l'alcool et laissant vieillir, le vin de teinte perd au contraire de son intensité ; employé dans cet état, il procure au vin une teinte à la fois plus rouge et un jaune doré semblable à la couleur des vins vieux.

Les roses, après avoir subi deux infusions, ayant encore quelque mérite, on doit, pour obtenir tout le principe colorant qu'elles possèdent encore, les recouvrir une ou plusieurs fois de vin, puis, après être égouttées, les sortir du fût pour les exprimer ou les presser, afin d'obtenir le peu de vin qu'elles retiennent.

Autre coloration des vins.

On nous écrit de Madrid (Espagne) :

« Monsieur,

« J'ai lu avec intérêt votre ouvrage *l'Immense Trésor des Marchands de Vins,* qui renferme, dans un exposé clair et succinct, toute la pratique et l'expérience du métier. Je regrette qu'il n'indique pas la manière de fabriquer des vins de teinte, en même temps que j'applaudis à votre louable intention, ne le faisant pas parce que, dites-vous, page 69, les vins ainsi colorés sont saisissables.

« Cela est vrai en France, mais il n'en est pas de même pour l'Espagne, où je fais le commerce des vins depuis dix ans ; il en est probablement ainsi pour d'autres contrées étrangères ; par ces considérations, puis-je, monsieur, espérer de votre complaisance, etc. ? »

Eu égard à notre désir d'être utile à tous, voici notre réponse :

La méthode généralement usitée pour préparer des

vins de teinte avec les graines ou baies de sureau, de troëne, d'yèble, d'airelles ou mirtilles, de brinbettes et autres, ou de fruits des mûriers sauvages ou de jardins, consiste à écraser les fruits et à les laisser fermenter, avec addition d'un peu d'eau pour ceux qui sont trop peu charnus ou pulpeux.

A juger cette méthode par ses résultats, nous la trouvons très défectueuse, attendu que dans des opérations faites à Nantes et répétées à Bordeaux et en Italie, les vins que nous avons obtenus n'ont jamais eu pour eux d'autre avantage que celui de la couleur ; différemment, ils ont été généralement sans corps ; les uns d'une saveur trop acide, les autres à la fois acerbes, passant tous très promptement à l'état d'acidité complète, et contribuant par cela même, à faire dégénérer la qualité des vins dans lesquels on en faisait usage. Aussi, depuis, avons-nous substitué à l'opération de fermentation celle d'infusion de ces fruits pendant plusieurs mois, soit écrasés, mieux dans leur entier, dans de l'alcool, tantôt à 85 degrés, tantôt au-dessous, et jamais plus bas que 65 degrés.

Les infusions ainsi obtenues sont aussi riches en couleur et davantage parfumées ; elles ont de la verdeur sans acidité prononcée et sans âcreté, leur conserva-

tion est des plus assurées ; en vieillissant, leur nuance
seule perd un peu son intensité, et c'est quelquefois un
bien, car, dans cet état, les infusions étant en même
temps dépouillées d'une grande partie de leur verdeur, elles procurent au vin léger en couleur, dans
lequel on les ajoute, de la vieillesse, une teinte à la
fois d'un beau rouge et d'un jaune de vin vieux.

Pour éviter la précipitation de la couleur de ces
sortes d'infusions et retarder leur passage au jaune,
on doit les aviver tous les mois à l'aide d'un peu d'a-
cide tartrique en dissolution.

Vins passés au jaune ambré.

Un de nos correspondants du département du Jura
nous écrit :

« Vous serait-il possible et seriez-vous assez bon
pour me dire pourquoi mes vins blancs exposés dans
un vase ouvert, présentent rapidement à la surface
une teinte jaune ambrée, qui gagne insensiblement
la totalité du vin, et quel moyen à employer pour
éviter ou au moins guérir le vin de cette sorte de
dégénérescence? Ce serait un service à rendre, etc. »

Réponse. — La cause de cette singulière altération est due, selon M. Pasteur, à l'existence de vé-

gétations mycodermiques dans ce produit ; selon nous, on doit l'attribuer à la présence d'une foule d'animalcules invisibles à l'œil, existant dans le ferment non encore décomposé, dont la vie se réveille par la présence de l'air, ce qui augmente leur pouvoir bonificateur ou destructeur ; quelles que soient les causes de cette altération du vin, on parvient à la détruire lors de la naissance en soutirant le vin et le méchant au soufre ; et, lorsqu'elle est tout à fait prononcée, on la guérit entièrement, non seulement par les moyens que nous avons indiqués dans le cours de cet ouvrage, mais encore en soutirant le vin et lui ajoutant du noir animal purifié, c'est-à-dire débarrassé de tous ses sels ammoniacaux par le moyen ci-après détaillé, dans la proportion de 200 à 500 grammes par pièce de 225 litres, selon le plus ou le moins d'intensité de la couleur ambrée ; on agite le vin, de trois en trois heures, pour faciliter l'action du noir et on colle ensuite à la manière ordinaire. Quelques jours après, on soutire le vin au clair dans un fût méché au soufre au moment de l'enserrage, ou, ce qui est préférable, on le mute après son enserrage avec 15 grammes de moutarde en poudre très fine, qu'on délaye et fouette fortement dans 1 à 2 litres de vin.

Ce procédé a l'avantage sur le précédent de dépouiller plus vite le vin, d'éviter le goût désagréable du soufre, et de lui conserver tout son bouquet et son moelleux.

Purification du noir animal.

On verse sur 5 litres d'eau froide déposés dans un baquet 125 grammes d'acide muriatique (acide hydrochlorique), on ajoute 2 kilogrammes de noir animal, on agite vigoureusement le mélange à trois ou quatre reprises différentes, et on laisse reposer. Le noir entièrement déposé, on décante l'eau pour la jeter, et on la remplace par 2 autres litres seulement, on ajoute de nouveau 125 grammes d'acide hydrochlorique, et on procède au mélange comme précédemment. Après la précipitation du noir, on décante l'eau et on lave le noir cinq à six fois avec de l'eau fraîche, en ayant le soin, avant chaque lavage, de laisser le noir se déposer ; ensuite, on met le noir à égoutter sur une toile, et on le fait sécher à une chaleur douce pour le conserver.

Le noir ainsi préparé peut s'employer dans son état d'humidité ; mais alors, il est nécessaire d'en employer un tiers au moins en plus que lorsqu'il est à l'état de sécheresse.

Il est essentiel de ne se servir d'aucun corps métallique dans l'opération de purification du noir.

Prompte combinaison des soutirages.

Plusieurs négociants nous ont demandé s'il y aurait des moyens de gagner sur le temps que demandent les éléments de différents vins employés dans un soutirage pour se combiner intimement et devenir, si l'on peut s'exprimer ainsi, un tout homogène.

A tout ce que nous avons déjà dit à ce sujet dans le cours de notre ouvrage, nous ajoutons qu'en additionnant au soutirage un peu de vin muté, on obtient ce résultat en quelques jours ; que, de plus, le vin acquiert du bouquet et du moelleux.

Nous avons dit ailleurs avec quoi et comment on prépare le vin muté ; donnons pour les personnes qui en sont dépourvues le moyen d'en disposer artificiellement.

On étend du sirop de raisin avec de l'eau froide jusqu'à 12 à 15 degrés du pèse-sirop de Baumé ; on ajoute assez d'acide tartrique en dissolution pour

procurer au mélange une saveur légèrement aigre-
lette et l'on procède au mutage de la manière que
nous avons indiquée, page 86.

Dispositions des vins destinés à être champanisés.

Observons que l'acide tartrique employé dans
cette opération est pour remplacer celui qui existait
dans le moût de raisin, lequel a été saturé avant la
conversion du moût en sirop; nous pensons qu'à
défaut de sirop de raisin on pourrait y suppléer par
du sucre ou du sirop de glucose; ce n'est, de notre
part, qu'une simple présomption et non une as-
surance, n'en ayant pas encore fait l'épreuve.

On nous demande de la Champagne :

« Pensez-vous qu'il soit possible d'avancer le moment de la formation de la mousse et d'éviter le
dépôt, du moins en partie, qui a lieu pendant le travail du vin dans les bouteilles?

« Vous nous rendrez le plus grand service, etc. »

Le dépôt et la mousse du vin considérés dans
leur avènement, dans leur marche et leurs effets,
sont, à plusieurs égards, une force de Protée pour les

fabricants de vins mousseux les plus expérimentés.

En général, on attribue le phénomène de leur formation à la différence des crus, à leur mélange, aux procédés plus ou moins soigneux de la fabrication, et à la manière de conservation des vins en cercles comme aussi aux verres de bouteilles, l'exposition des caves, le nombre et la disposition de leurs soupiraux, le plus ou le moins de profondeur, le sol dans lequel elles ont creusées, tout a son influence variée et souvent inexplicable dans les deux phénomènes ; pour nous la température est celle qui joue le rôle principal ; aussi, de toutes ces circonstances se forme-t-il plus ou moins de dépôt dans les bouteilles, et que les vins tirés pour mousser ne prennent pas la mousse également ; en effet, il en est où elle se manifeste de suite, c'est-à-dire après quinze jours de bouteille ; d'autres qui exigent plusieurs mois ; d'autres qui réclament un changement de température, une addition de liqueur ; d'autres qui attendent le renouvellement de la sève ; d'autres qui, après avoir lassé toute attente, commencent à se décider lorsqu'on n'y comptait plus ; d'autres enfin qu'il faut, à l'année suivante, remettre en cercle et mélanger avec un cru de la nouvelle récolte qui ait la propriété d'être éminemment mousseux.

Si nous ne pouvons pas indiquer les moyens de pouvoir parer entièrement à ces anomalies de la mousse et du dépôt, nous sommes du moins très heureux de pouvoir indiquer ceux à employer pour obtenir des résultats plus conformes aux désirs des fabricants de vins mousseux, en leur conseillant de consulter notre *Traité théorique et pratique de Vinification,* 4me édition, dans lequel les diverses fabrications de vin mousseux sont développées d'une manière très étendue et en suivant le procédé suivant :

Substituer au soutirage et à l'introduction du gaz sulfureux dans le vin provenant de l'inflammation d'une mèche soufrée, moyen généralement usité, le soutirage du vin et son mutage, par 15 grammes, par pièce, de moutarde en poudre fine, et répéter cette opération de trois mois en trois mois ; ceci pour les vins de l'année ; mais lorsque les vins ont une à deux années, et qu'on les tire des propriétaires ou des commerçants, on doit les disposer immédiatement selon le goût de la clientèle, c'est-à-dire qu'on doit les mélanger ou non, selon la nécessité, leur ajouter de la liqueur et du parfum au gré désiré ; cela fait, on mute le vin en le fouettant fortement avec 15 grammes de graine de moutarde en poudre fine, bien délayée et battue préalablement dans 2 litres environ de vin, puis on laisse reposer un à deux mois.

Ce genre de mutage du vin est de beaucoup préférable à celui par le gaz sulfureux, par ces différentes raisons qu'il est plus prompt et nécessite moins de main-d'œvre, qu'il évite au vin le goût désagréable du soufre ; qu'enfin loin d'altérer son bouquet, il le développe au contraire, tout en lui procurant à la fois davantage de finesse et de fondu, effets dus aux principes essentiels de la moutarde, qui, se trouvant en partie à l'état de dissolution dans le vin, agissent sur le ferment et les parties mucilagineuses contenues dans le vin, neutralisent leur pouvoir et les précipitent insensiblement à l'état d'inaction et de lie. Deux mois après, ou un peu plus, on soutire le vin à clair et on le mute de nouveau, c'est-à-dire qu'on répète la même opération, et, selon le besoin, une troisième fois.

Il est essentiel d'observer qu'il ne faut pas faire suivre immédiatement à ce genre de mutage la clarification par aucun moyen ; qu'on doit attendre la précipitation des parties hétérogènes du vin, des effets de la moutarde et du temps, et non l'opérer par un collage quelconque donné aussitôt après le mutage du vin effectué. Disons aussi que le vin, devenu parfaitement limpide après son dernier mutage, peut être, sans le soutirer une dernière fois et le coller, tiré en bouteilles, mis en tas, puis sur l'appareil de la mise sur point ou l'introduire directement dans un appareil gazeux, le charger de huit atmosphères de gaz acide carbonique, le mettre en bouteilles et le ficeler.

Où nous revenons sur la clarification des vins.

Il nous a été écrit du Pas-de-Calais :

« Par suite des bons conseils que vous avez bien voulu avoir l'obligeance de me donner en plusieurs circonstances, et que j'ai suivis et dont je n'ai eu qu'à me louer, je viens de nouveau solliciter de votre complaisance, toujours inépuisable, le moyen de pouvoir clarifier un soutirage dont j'attribue la non-réussite à l'emploi que j'ai fait de la pulvérine d'Appert et des poudres de Lebeuf. Mon soutirage est de 70 hectolitres, composés, etc., etc. »

Comment, sans échantillons, pouvoir donner un conseil? Aussi n'avons-nous pu mettre notre correspondant que sur la voie d'une réussite, en lui assurant que la non-clarification de son vin ne pouvait être attribuée au défaut de qualité des poudres d'Appert et de Lebeuf, dont les bons effets sont atteints chaque jour par le commerce, mais bien à l'état de son vin, et lui conseillant de relire les quelques passages sur la clarification des vins mentionnés dans notre *Trésor des Marchands de Vins.*

Il existe, avons-nous dit dans cet ouvrage, un grand nombre d'agents clarificateurs plus ou moins bons, mais, en général, impropres aux exigences du vin ; car il ne faut pas clarifier seulement, il faut encore opérer cette clarification sans détériorer le vin, sans attaquer ni sa couleur, ni son bouquet, surtout sans y introduire un principe de décomposition, de fermentation ou de maladie et sans faire un déchet considérable.

Pour obtenir ces résultats, il suffit de faire choix d'un bon agent clarificateur ; mais quand un vin, qui après avoir cessé tout mouvement de fermentation, est rebelle à toute fermentation, il faut s'en prendre, non aux divers clarifiants employés, mais aux éléments de la constitution du vin qui ne sont pas en rapport, et opérer sa clarification en conséquence. C'est de cette vérité qu'est venue à la pensée d'un de nos œnologues, M. Lebeuf, de disposer des produits dont nous tenons le dépôt, les uns pour enlever la verdeur ou désacidifier les vins et les coller tout à la fois, les autres ayant des propriétés différentes et clarifiant les vins également en même temps.

Quand on ne possède pas l'agent clarificateur convenable à éclaircir un vin rebelle à toute clarification, il faut recourir à l'art, c'est-à-dire chercher à connaître les choses contraires à la non-réussite ; on y arrive presque toujours en ajoutant au vin avant son collage, soit de l'acide tartrique à l'état de dissolution, du sucre, de l'alcool, soit du tannin ; encore faut-il, pour le bon effet de ces auxiliaires, que le vin soit sans aucun mouvement de fermentation, serait-il en nature ou mélangé.

Pour reconnaître lequel de ces auxiliaires est nécessaire pour venir en aide à l'agent clarificateur, nul n'a besoin d'être chimiste ; il suffit de faire l'essai d'un des auxiliaires ou des quatre, chacun à part, sur chacun un litre de vin. Si les bouteilles contenant le vin sont en verre blanc, et tenues debout devant le jour ou à la lumière, on peut ensuite voir les effets de chacun des auxiliaires et remarquer les progrès et la durée des diverses clarifications ; une fois fixé sur l'auxiliaire le plus convenable on cherche à apprécier la quantité nécessaire de cet auxiliaire pour une quantité de vin quelconque, en recommençant l'opération avec discernement. A cet effet, on verse un litre de vin dans chaque bouteille, on ajoute dans chacune des proportions minimes et différentes de l'auxiliaire reconnu nécessaire à l'opération, dont on tient compte, et ensuite la colle dans une égale proportion pour toutes ; arrivé par ce moyen (qu'il faut quelquefois répéter) à connaître la quantité de l'auxiliaire employé pour un litre, on a celle nécessaire pour cent, soit-il en nature ou proviendrait-il d'un mélange.

Relativement à la clarification des soutirages ou vins mélangés, il est un reproche à faire à beaucoup de négociants pour la trop grande quantité de vins de l'année qu'ils mélangent avec des vins de deux à trois ans de crus différents. Aussi qu'en résulte-t-il? Que le ferment qui existe encore en trop grande quantité dans le vin n'ayant pas encore une année, réveille et active le peu qui existe encore dans les autres vins. De là résultent les divers mouvements qui se produisent dans le vin, les uns par l'effet de la réaction et de la combinaison des principes des différents vins ; les autres par leur ferment devenu plus actif ; ces mouvements, bien qu'insensibles, ne sont pas moins les causes de l'inefficacité des collages ; il est donc bon, ainsi que nous l'avons conseillé, d'attendre, un mois au moins, la combinaison et la maturité du mélange des vins avant d'en opérer la clarification ; de là sorte, on obtiendra toute satisfaction du collage et on ne se croira plus en droit de s'en prendre aux diverses poudres de nos industriels généralement bien appréciées.

ERRATA

Nous devons à l'obligeance de M. Rouquette-Fajon, commissionnaire en vins à Redessan (Gard), et à ses intentions bienveillantes pour tous, de pouvoir rectifier une erreur que nous avons commise dans la désignation des vins les plus renommés d'un de nos départements du Midi.

Les vins que nous avons à tort désignés comme étant les plus estimés dans le département de l'Hérault appartiennent à celui du Gard. En voici, d'après M. Rouquette-Fajon, la classification :

Vins fins renommés du Gard.

VINS ROUGES.	VINS BLANCS.

Ledenon Redessan ;   Montfrin ;
Redessan ;   Bellegarde ;
Chusclan ;   Redessan.
Tavel ;
Saint-Geniès ;

Lirac ;
Langlade ;
Saint-Laurent-des-Arbres ;
Conte-Prix, coteau entre Redessan et Beaucaire ;
Bondavins, coteau entre Redessan et Lédenon ;
Monticandi, coteau entre Lédenon et Redessan.

Profitons pour dire que le département du Gard
est, sans contredit, un des plus riches départements
vinicoles de France ; il offre aux amateurs vingt espèces différentes d'excellents vins, comme aussi aux
commerçants des vins très vineux et très riches en
couleur, et convenables, par la franchise de leur
goût et leur force alcoolique, d'augmenter, par
leur mélange, les qualités d'un grand nombre
d'autres vins.

Les vins de Redessan-Lédenon sont spécialement

recherchés ; ils sont fins, francs de goût, sont capiteux, ont beaucoup de corps et un bouquet aussi agréable que prononcé ; de plus ils sont riches de 3 pour cent d'alcool pur, à part qu'ils supportent parfaitement, et sans la moindre altération, les transports les plus longs, toutes circonstances qui justifient leur bonne réputation.

Nous renouvelons nos remerciments à M. Rouquette-Fajon de l'intérêt qu'il a bien voulu porter à notre ouvrage, et prions nos lecteurs de vouloir bien suivre son louable exemple, en nous faisant connaître les erreurs et les passages incomplets de notre ouvrage ; et si, comme cela est à désirer, ils ont comme nous l'envie de se rendre utiles à tous, ce sera nous obliger que de nous communiquer ce qu'ils auront trouvé, inventé ou perfectionné pour la plus grande amélioration des vins, leur imitation, leur conservation, et tout ce qui a rapport à l'œnologie, afin que, dans une nouvelle édition, nous puissions en leur nom, ainsi que nous l'avons fait pour M. Rouquette-Fajon, en faire profiter la société.

TABLE DES MATIÈRES

CHAPITRE VIII

CHAPITRE IX

CHAPITRE X

Recettes et Opérations des vins de liqueurs.

Méthode du Midi.

CHAPITRE XI

CHAPITRE XII.

CHAPITRE XIII

CHAPITRE XIV

CHAPITRE XV

CHAPITRE XVI

CHAPITRE XVII

CHAPITRE XVIII

CHAPITRE XIX

CHAPITRE XX

RENSEIGNEMENTS UTILES.

FIN DE LA TABLE DES MATIÈRES.

ENSEIGNEMENT PROFESSIONNEL

BIBLIOTHÈQUE

DES

PROFESSIONS

INDUSTRIELLES, COMMERCIALES et AGRICOLES

PARIS

J. HETZEL ET Cie, ÉDITEURS

18, RUE JACOB, 18

CATALOGUE C.-K.

Bibliothèque des Professions industrielles, commerciales et agricoles

Le premier mérite des volumes qui composent cette Encyclopédie c'est d'être accessibles par la forme, par le fond et par le prix, aux personnes qui ont le plus souvent besoin d'indications pratiques sur la profession dont elles font l'apprentissage, ou dans laquelle elles veulent devenir plus intelligemment habiles.

A ces personnes, dont le nombre est très grand, il faut des *guides pratiques exacts*, d'un format commode, d'un prix modéré, rédigés avec clarté et méthode, comme est clair et méthodique l'enseignement direct du professeur à l'élève ou celui du maître à l'apprenti. Telle a été la pensée qui a présidé à la publication de la *Bibliothèque des professions industrielles, commerciales et agricoles.*

Elle se compose de *onze séries*, qui se subdivisent comme suit :

A. Sciences exactes. — B. Sciences d'observation. — C. Art de l'Ingénieur. — D. Mines et Métallurgie. — E. Professions commerciales. — F. Professions militaires et maritimes. — G. Arts et métiers, Professions industrielles. — H. Agriculture, Jardinage, etc. — I. Economie domestique, Comptabilité, Législation, Mélanges. — J. Fonctions politiques et administratives, Emplois de l'Etat, Départementaux et Communaux, Services publics. — K. Beaux-arts, Décoration, Arts graphiques.

Les volumes de cette collection sont publiés dans le format grand in-18, la plupart d'entre eux sont illustrés de gravures qui viennent mieux faire comprendre le texte ; des atlas renferment les dessins qui exigent d'être représentés à grandes échelles et avec plus de détails.

L'ENVOI est fait franco pour toute demande dépassant 15 francs et accompagnée de son montant en billets de banque, timbres-poste, mandats-poste, chèques ou mandats à vue sur Paris, coupons de valeur (déduction faite de l'impôt de 5 0/0).

Le prix du port est de 30 centimes pour les volumes de 3 francs et au-dessous ; 40 centimes pour les volumes de 4 francs ; 50 centimes pour les volumes de 5 et 6 francs ; — 60 centimes pour les volumes au-dessus de ce prix.

NOTA. — Les ouvrages marqués d'un ✿ ont été choisis par le ministère de l'Instruction publique pour faire partie des catalogues des bibliothèques publiques scolaires. Le deuxième *, plus petit, désigne les ouvrages choisis pour être distribués en prix.

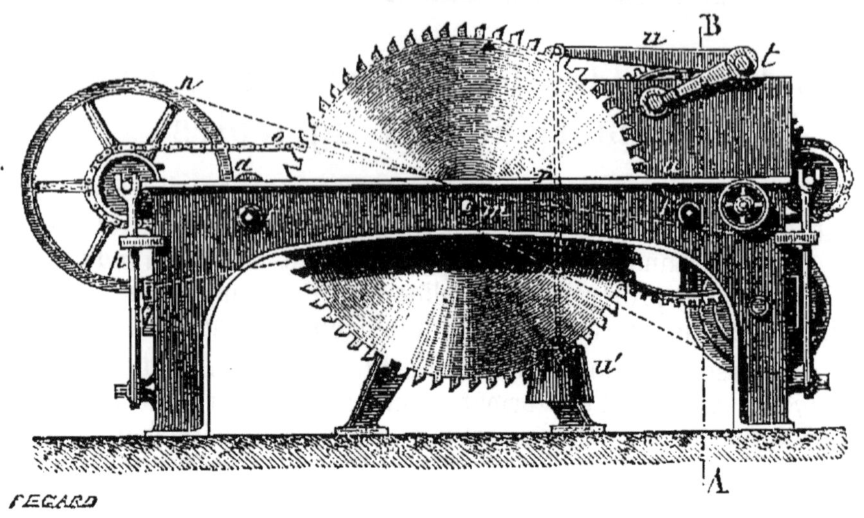

Figure spécimen du *Guide pratique de l'ouvrier mécanicien.* (Voir page 44.)

BIBLIOTHÈQUE

DES

PROFESSIONS INDUSTRIELLES

COMMERCIALES ET AGRICOLES

Parmi les bibliothèques spéciales, techniques plutôt, qui tiennent ou commencent à tenir une si grande place dans la librairie contemporaine, il faut citer au premier rang la *Bibliothèque des Professions industrielles, commerciales et agricoles*, mise en vente par la librairie Hetzel, et qui comprend déjà 121 ouvrages formant 124 volumes accompagnés de 4 atlas. Le champ est vaste de toutes les connaissances exigées, ou qui devraient l'être, par ceux, — et le nombre en est de plus en plus considérable, — qui se destinent à l'industrie, au commerce ou à l'agriculture. Autrefois, il n'y a pas longtemps encore, la seule science à peu près reconnue était la routine. En tout, partout, dans miers, s'ils n'étaient, eux-mêmes, au fait des exigences de l'agriculture? Et il en est partout ainsi.

Cette bibliothèque répond donc à un besoin réel, à un moment où la machine remplace de plus en plus les bras et où le mécanicien fait des progrès constants. Rien de plus clair et de plus complet n'a été fait jusqu'à ce jour, ni de plus réellement utile. C'est l'encyclopédie du dix-neuvième siècle, qui se recommande aussi bien par la variété des sujets que par la valeur propre de chacun d'eux, où l'on trouve, en même temps que les vues d'ensemble, les guides pratiques de toutes les industries en exploitation et de toutes les professions et métiers. Nous ne saurions trop la recommander aux gens du monde curieux de notions générales, ainsi qu'aux personnes désireuses d'apprendre ou d'approfondir une spécialité.

Gravure spécimen du *Manuel pratique de Jardinage*. (Voir page 40.)

LISTE DES OUVRAGES

PAR ORDRE DE SÉRIE

SÉRIE A

SCIENCES EXACTES

SÉRIE B

SCIENCES D'OBSERVATION

CHIMIE — PHYSIQUE — ÉLECTRICITÉ

SÉRIE C

ART DE L'INGÉNIEUR

PONTS ET CHAUSSÉES — CHEMINS DE FER — CONSTRUCTIONS CIVILES

SÉRIE D

MINES ET MÉTALLURGIE

GÉOLOGIE — HISTOIRE NATURELLE

SÉRIE E

PROFESSIONS COMMERCIALES

SÉRIE F

PROFESSIONS MILITAIRES ET MARITIMES

SÉRIE G

ARTS ET MÉTIERS

PROFESSIONS INDUSTRIELLES

SÉRIE H

AGRICULTURE

JARDINAGE. — HORTICULTURE. — EAUX ET FORÊTS.
CULTURES INDUSTRIELLES. — ANIMAUX DOMESTIQUES. — APICULTURE.
PISCICULTURE.

11.	**Gossin.** Conférences agricoles. 1 vol.	1	»
12.	**Sourdeval.** Elevage et dressage du cheval (*en prépara-tion*)	»	»
13.	**Bourgoin d'Orly.** Cultures exotiques. 1 vol.	4	»
14.	**Dubos.** Choix de la vache laitière. 1 vol.	2	50
15.	**Dubief.** Le Trésor des vignerons et marchands de vin. 1 vol.	3	»
16.	**Canu et Larbalétrier.** Météorologie agricole. 1 vol.	2	»
17.	**Mariot-Didieux.** L'éducateur de lapins. 1 vol.	2	50
18.	— Education lucrative des poules. 1 vol.	3	50
19.	— — des oies et canards. 1 vol.	2	50
21.	— Le chasseur médecin. 1 vol.	2	»
23.	**Courtois-Gérard.** Culture maraîchère. 1 vol.	5	»
32.	**Gobin.** Culture des plantes fourragères. Prairies natu-relles. 1 vol.	3	»
33.	— Culture des plantes fourragères. Prairies artifi-cielles. 1 vol.	3	»
40.	**Fleury-Lacoste.** Le Vigneron. 1 vol.	3	»
41.	**Courtois-Gérard.** Manuel pratique du jardinage. 1 vol.	5	»
42.	**Koltz.** Culture du saule et du roseau. 1 vol.	2	»
43.	**Sicard.** Culture du cotonnier. 1 vol.	2	»
48.	**Lunel.** Acclimatation des animaux domestiques. 1 vol.	3	»
52.	**F. Fraîche.** Guide de l'ostréiculteur. 1 vol.	3	»
53.	**Touchet.** Vidange agricole. 1 vol.	1	»
55.	**Pouriau.** Chimiste agriculteur. 1 vol.	6	»
56.	**Lerolle.** Botanique appliquée. 1 vol.	6	»

SÉRIE I

ÉCONOMIE DOMESTIQUE

COMPTABILITÉ. — LÉGISLATION. — MÉLANGES

1.	**Dubief.** Fabrication des vins factices. 1 vol.	2	»
2.	**Lunel.** Economie domestique. 1 vol.	2	»
3.	**Germinet.** Chauffage par le gaz. 1 vol.	4	»
4.	**Dubief.** Le Liquoriste des dames. 1 vol.	3	»
5.	**Hirtz.** Coupe et confection des vêtements de femmes ou d'enfants. 1 vol.	3	50
6.	**Dufréné.** Droits des inventeurs. 1 vol.	3	»
8.	**Baude.** Calligraphie. 1 vol.	5	»
9.	**Lescure.** Traité de géographie. 1 vol.	3	»
10.	**Block (M.).** Principes de législation pratique appliquée au Commerce, à l'Industrie et à l'Agriculture. 1 vol.	4	»

SÉRIE J

FONCTIONS POLITIQUES & ADMINISTRATIVES

EMPLOIS DE L'ÉTAT, DÉPARTEMENTAUX, COMMUNAUX
SERVICES PUBLICS

SÉRIE K

BEAUX-ARTS — DÉCORATIONS
ARTS GRAPHIQUES

*Le cartonnage toile de chaque volume se paye 0,50 c. en plus
des prix indiqués.*

TABLE DES MATIÈRES

TRAITÉES DANS LA

BIBLIOTHÈQUE DES PROFESSIONS

INDUSTRIELLES, COMMERCIALES ET AGRICOLES

———

Collection de volumes grand in-18

———

BIBLIOGRAPHIE RAISONNÉE

———

ACCLIMATATION DES ANIMAUX DOMESTIQUES (*Guide pratique de l'*), étude des animaux destinés à l'acclimatation, la naturalisation et la domestication : Animaux domestiques, méthodes de perfectionnement, mammifères, oiseaux, poissons, insectes, précédée de considérations sur les climats et de l'Exposé des classifications d'histoire naturelle, etc., par le docteur LUNEL, 1 volume avec figures dans le texte. . . . . 3 fr.

M. le docteur Lunel a résumé les notions concernant l'acclimatation disséminées dans un grand nombre d'ouvrages volumineux. Ce livre sera consulté avec fruit par toutes les personnes qu'intéresse la grande question de l'acclimatation. Il peut être considéré comme un guide sûr dans les jardins d'acclimatation où sont réunies toutes les races d'animaux indigènes et étrangères, et il donne d'une manière concise et substantielle les notions usuelles nécessaires pour l'étude des animaux destinés à l'acclimatation, la naturalisation et la domestication.

ACIDES (Voir Chimie, page 23, et Potasses, page 54).

ACIER (*Guide pratique de l'emploi de l'*), ses propriétés, avec une introduction et des notes de Ed. GRATEAU, ingénieur civil des mines, par J.-B.-J. DESSOYE, ancien manufacturier, 1 volume............ 4 fr.

Ce livre constitue une véritable monographie de l'acier. M. Dessoye prend l'art de fabriquer l'acier à son origine et nous montre ses progrès. Il signale la nature et les propriétés natives de l'acier, en indique les différents modes d'élaboration et termine son guide par une étude sur l'emploi de l'acier dans les manipulations qu'on lui fait subir. Comme le fait remarquer M. Grateau dans sa savante introduction, ce livre s'adresse à tous ceux qui sont appelés à acheter et à consommer de l'acier d'une qualité quelconque, sous toute forme, et il devra être consulté par tous les praticiens.

Extrait de la table. — Considérations préliminaires. — Etudes historiques sur la fabrication de l'acier. — Etudes générales sur l'existence des propriétés natives. — Etudes sur l'emploi de l'acier, considéré dans ses propriétés caractéristiques. — De l'emploi de l'acier considéré dans les manipulations qu'on lui fait subir.

ACIER (*Traité de l'*), théorie métallurgique, travail pratique, propriétés et usages, par H.-C. LANDRIN fils, ingénieur civil, 1 volume, avec figures......... 5 fr.

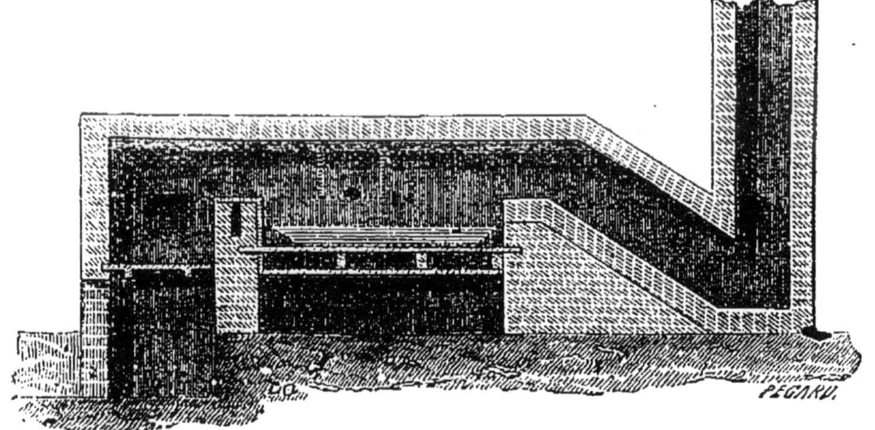

Figure spécimen du *Traité de l'acier.*

Les deux ouvrages de MM. Landrin et Dessoye se complètent l'un par l'autre. Ils donnent au complet la fabrication et l'emploi de l'acier. Nous avons dit, en parlant de celui de M. Dessoye, en quoi consistait son étude; nous allons, par un extrait de la table des matières du livre de M. Landrin, indiquer en quoi il complète le précédent. — Histoire de l'acier, sa découverte, sa métallurgie dans l'antiquité et dans les différentes contrées. — De la chaleur, de l'oxygène, du soufre, de la chaux, des minerais de fer, des combustibles. — De l'acier et de sa théorie. — Théorie de Réaumur, docimasie. — Métallurgie, acide naturel, acier de fonte, acier puddlé, acier cimenté, acier de fusion, acier du Wootz.

Nouveaux procédés : Procédé Chenot, procédé Bessemer, procédé Taylor, procédé Uchatuis, acier damassé. *Etoffes* : Travail de l'acier, raffinage, soudure, recuit à la forge, trempe, recuit à la trempe, écrouissage. *Propriétés de l'acier :* Des limes, du fil d'acier, des aiguilles, tôle d'acier, des scies.

AGENT VOYER (Voir Ponts et Chaussées, page 53).

AGRICULTURE GÉNÉRALE *(Guide pratique d')*, par A. GOBIN, 1 vol. — En réimpression. —

ALGÈBRE *(Principes d')*, par Paul LEPRINCE, ingénieur, ancien élève de l'Ecole d'arts et métiers de Châlons-sur-Marne, 1 volume avec figures . . . . . 5 fr.

Un ouvrage de ce genre n'a pas encore été publié. Il indique les moyens les plus prompts et les plus simples à employer pour parvenir à la solution des problèmes. Il ne comprend que la marche pratique à suivre en algèbre pour arriver aux formules appliquées dans l'industrie en général.

ALLIAGES MÉTALLIQUES (*Guide pratique des*), par A. GUETTIER, ingénieur, directeur de fonderies, etc. 1 volume . . . . 3 fr.

Après avoir donné quelques explications préliminaires sur les propriétés physiques et chimiques des métaux et des alliages, l'auteur examine au point de vue des alliages entre eux les métaux spécialement industriels, c'est-à-dire d'un usage vulgaire très répandu (cuivre, étain, zinc, plomb, fer, fonte, acier). Il donne ensuite quelques indications générales sur les métaux appartenant aux autres industries, mais n'occupant qu'une place secondaire (bismuth, antimoine, nickel, arsenic, mercure), et sur des métaux riches appartenant aux arts ou aux industries de luxe (or, argent, aluminium, platine) ; enfin, il envisage les métaux d'un usage industriel restreint, au point de vue possible de leur association avec les alliages présentant quelque intérêt dans les arts industriels.

ALUMINIUM et MÉTAUX ALCALINS *(Guide pratique de la recherche, de l'extraction et de la fabrication de ')*. Recherches techniques sur leurs propriétés, leurs procédés d'extraction et leurs usages, par Charles et Alexandre TISSIER, chimistes-manufacturiers. 1 volume, 1 planche et figures dans le texte . . . . 3 fr.

Les notions sur l'aluminium se trouvaient disséminées dans des recueils nombreux publiés en France et à l'étranger. Les auteurs de ce guide ont eu l'idée de faire de ces notions éparses un tout homogène dans lequel, après avoir retracé l'historique de la préparation des métaux alcalins, ils esquissent l'histoire de la préparation de l'aluminium. Des chapitres spéciaux sont consacrés à la fabrication industrielle et aux propriétés physiques et chimiques de ce nouveau métal, qui a conquis très rapidement une grande place dans l'industrie.

AMIDONNIER (Voir Féculier et Amidonnier, p. 34).

ANIMAUX (Voir Habitations des Animaux, page 37).

ANIMAUX DOMESTIQUES (Voir Acclimatation des Animaux domestiques, page 13).

ARCHITECTURE (*Introduction à l'étude de l'*), par Viollet-le-Duc. — **En préparation.** —

ARCHITECTURE NAVALE (*Guide pratique d'*) à l'usage des capitaines de la marine du commerce, appelés à surveiller les constructions et les réparations de leurs navires, par Gustave Bousquet, capitaine au long cours, ingénieur, 1 volume avec figures dans le texte . . . . 2 fr.

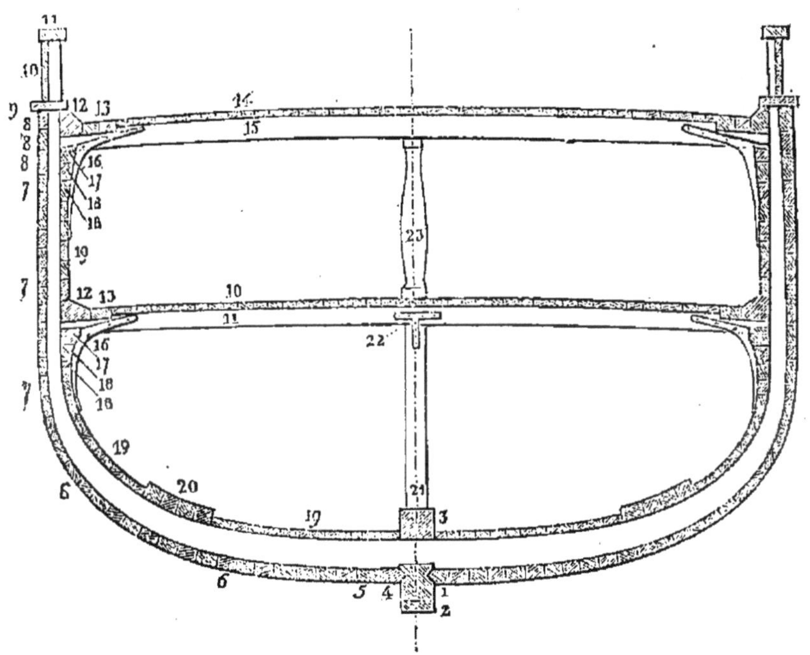

Figure spécimen du *Guide pratique d'architecture navale*.

Dans la *première partie*, l'auteur traite de la connaissance des cales, c'est-à-dire l'endroit où doit être réparé le navire. — **Droit et tour d'une pièce.** — Ecarts. — Quille. — L'étrave. — L'étambot. — L'assemblage des couples, etc.

Dans la *deuxième partie*, nous avons les revêtements intérieurs. — La lisse. — Les carlingues. — Les livets. — Bauquières. — Barrots. — Epontilles, etc.

Puis les revêtements extérieurs. Précintes, bordées, bois étuvés, chevillage, clous, calfatage, panneaux ou écoutilles, etc.

Cet abrégé très sommaire des matières contenues dans ce volume suffira pour faire comprendre que sa lecture ne peut être que très profitable.

ASPHALTE et des **BITUMES** (*Guide pratique pour la fabrication et l'application de l'*), par Léon MALO, ingénieur civil, ancien élève de l'École centrale, 1 volume, 7 planches, contenant 57 figures. . . . . 4 fr.

L'usage de l'asphalte et des bitumes se généralise. L'asphalte, après les ciments et les mortiers, vient prendre immédiatement sa place dans les constructions, et cependant il n'existait pas de traité pratique sur la fabrication et l'emploi de ces substances. Le livre de M. Malo comble cette lacune. Il abonde en renseignements intéressants non seulement pour les ingénieurs, mais aussi pour les autorités municipales. Ce guide pratique est accompagné de sept planches, dont quelques-unes de très grand format.

Extrait de la table des matières. — Définition, description historique de l'asphalte. — Nomenclature et régime des principales mines. — Extraction, préparation et cuisson. — Du bitume. — Manière d'employer l'asphalte. — Usages divers de l'asphalte. — Asphalte comprimé. — Notes et documents divers.

ASTRONOMIE (*Manuel pratique de l'*), par Camille FLAMMARION. *L'art d'observer le ciel et de se servir des instruments d'optique.* 1 volume. — **En préparation.** —

Figure spécimen de *l'Habitation des animaux* (voir page 37).

B

BEAUX-ARTS (*Introduction à l'étude des*). 1 volume.
— En préparation. —

BERGERIES (voir Habitation des animaux, page 37).

BETTERAVE (*Traité pratique de la culture et de l'alcoolisation de la*). Résumé complet des meilleurs travaux faits jusqu'à ce jour sur la betterave et son alcoolisation, renfermant toutes les notions nécessaires au cultivateur et au distillateur, ainsi que l'examen des méthodes de pulpation, de macération, de fermentation et de distillation employées aujourd'hui. 3e édition corrigée et considérablement augmentée, par N. BASSET. 1 volume avec figures dans le texte.............. 3 fr.

Avant de donner au public cette nouvelle édition, l'auteur avait étudié à fond les principales questions relatives à la culture, à la distillation de la betterave, afin d'apporter son contingent à la grande question de la transformation agricole, par les données que l'expérience lui a fournies. Il a voulu mettre sous les yeux des agriculteurs et des distillateurs les faits techniques, scientifiques et pratiques, dans la plus grande simplicité d'expression. Il examine avec impartialité les différents systèmes : Champenois, Kessler, Dubrunfaut, etc.

BIÈRE (Voir Brasseur, page 19).

BIJOUTIER (*Guide pratique du*). Application de l'harmonie des couleurs dans la juxtaposition des pierres précieuses, des émaux et de l'or de couleur, par L. MOREAU, bijoutier et dessinateur. 1 volume avec 2 planches coloriées . . . . 2 fr.

Ce petit livre est une protestation hardie contre l'esprit de routine. L'auteur a réuni les données fournies par la science sur l'harmonie et le contraste des couleurs, et comparant ces données aux observations faites dans la pratique du métier, il a formé une théorie applicable à la bijouterie.

BITUMES (Voir Asphalte et Bitumes, page 17).

BOIS EN FORÊTS (*Carbonisation des*), par E. DROMART, ingénieur civil, 1 volume avec figures et 1 planche . . . . 4 fr.

Extrait de la table des matières : Bois. — Charbon de bois. — Carbonisation des meules en forêts. — Carbonisation des bois à goudron. — Appareils à vases clos. — Appareils à vapeur surchauffée. — Carbonisation des bois durs, des tiges de bruyère. — Analyse des charbons.

BOIS (*Guide théorique et pratique de Cubage et d'Estimation des*) à l'usage des propriétaires, régisseurs, marchands de bois, gardes forestiers, etc., etc., par Alexis FROCHOT, sous-inspecteur des forêts, etc. 2ᵉ édition. 1 volume, tableaux et 14 figures et 1 planche graphique donnant les tarifs de cubage des arbres sur pied et des arbres abattus. . . . . 4 fr.

Extrait de la table des matières. — **Cubage des bois abattus.** Bois en grume, bois ronds, bois méplats, bois équarris, bois de fou ; exécution des calculs de cubage. — **Cubage des bois sur pied.** — Mesures des hauteurs : 1º au dentromètre ; 2º à vue d'œil ; 3º mesure des diamètres. — Cubage des résineux. — **Estimation des bois sur pied en matière,** bois de charpente, étais, perches de mines, poteaux télégraphiques, sciage, traverses de chemins de fer, bois de fente, bois de feu, écorces, frais de transport et d'exploitation. — Estimation en argent. — **Estimation des forêts en fonds et superficie.** — Exposé de la méthode, bois susceptibles de revenus égaux et périodiques, bois donnant des revenus inégaux. — Procédés de calculs à employer. — Applications, tarifs linéaires, renseignements bibliographiques.

BOTANIQUE (** Traité pratique et élémentaire de*) appliquée à la culture des plantes, par Léon LEROLLE, ancien élève de l'Ecole d'agriculture de Grand-Jouan, membre de la Société d'horticulture de Marseille, 1 volume, 108 figures dans le texte. . . . . 6 fr.

Extrait de la table : De la germination des graines, choix et conservation des graines. — De la végétation des plantes, des bourgeons. — Phénomènes souterrains, phénomènes aériens, phénomènes anatomiques de la végétation. — Nutrition des végétaux, nature des substances absorbées par les racines, sécrétion, transpiration. — Agents essentiels de la végétation. — De la reproduction des plantes, du périanthe, des étamines, du pistil, des ovules. — Floraison. — Fécondation. — Fructification. — Granification.

BRASSEUR (*Guide du*) ou *l'Art de faire de la Bière,* par G.-J. MULDER, professeur à l'Université d'Utrecht. Traité élémentaire théorique et pratique. La bière, sa composition chimique, sa fabrication, son emploi comme boisson, traduit de l'allemand et annoté par L.-F. Dubief, chimiste, nouvelle édition revue et corrigée, par M. Ch. BAYE. 1 vol. . . . . 4 fr.

M. Mulder a tâché d'analyser tous les écrits qui ont été publiés sur ce sujet pour en tirer la quintessence en y apportant de son propre fond. C'est un travail consciencieusement écrit, fruit de laborieuses études dont le brasseur pourra faire son profit.

BRIS ET NAUFRAGES (*Nouveau code des*), ou sûreté et sauvetage maritime, publié avec l'autorisation du ministre de la Marine et des Colonies, par J. TARTARA, commissaire ordonnateur de la marine en Algérie, 1 volume . . . . 7 fr.

Figure spécimen du *Guide de cubage et d'estimation des bois* (voir page 19).

C

CAFÉIER ET CACAOYER (Voir Cultures exotiques, page 28).

CAISSIER (*Manuel du*). Traité théorique et pratique des PAIEMENTS et RECETTES. — **En préparation.** —

CALCULS ET COMPTES FAITS à l'usage des industriels en général et spécialement des mécaniciens, charpentiers, serruriers, chaudronniers, toiseurs, arpenteurs, vérificateurs, etc. Troisième édition complètement refondue des calculs faits de A. LENOIR, par Joseph VINOT. 1 volume et tableaux . . . . 4 fr.

Son objet est d'éviter aux chefs d'atelier une foule de calculs souvent assez difficiles à résoudre ; enfin c'est un aide-mémoire qui est appelé à rendre de grands services par le temps qu'il fait économiser. Il se divise comme suit : 1° Arithmétique. — 2° Conversion — 3° Physique. — 4° Mécanique. — 5° Frottements, résistances. — 6° Cubage des métaux. — 7° Cubage des bois. — 8° Tables commerciales.

CALLIGRAPHIE. Cours d'écriture avec 32 planches, par L. BAUDE, 1 vol. . . . . 5 fr.

SOMMAIRE : Objets et instruments nécessaires pour écrire. — Formes et variante de l'écriture anglaise. — De la manière de tenir la plume. — Principes généraux de l'écriture anglaise. — Des différentes grosseurs d'écriture. — Majuscules. — Minuscules. — Chiffres. — De l'expédiée ou cursive anglaise. — Des écritures fortes : Bâtarde, Coulée, Ronde et Gothique. — *De l'emploi dans l'écriture des accents, de la ponctuation et autres signes.*

CANARDS (Voir Oies et Canards, page 48).

CANNE A SUCRE (Voir Cultures exotiques, page 28).

CARBONISATION DES BOIS (Voir Bois, page 18).

CARTON (Voir Papier et Carton, page 50).

CENDRES (Voir Potasses, page 54).

CHALEUR (*Théorie mécanique de la*), traduit de l'allemand par F. FOLIE, professeur à l'École industrielle, et répétiteur à l'École des mines de Liège, par R. CLAUSIUS, professeur à l'Université de Wurtzbourg. 2 volumes.   15 fr.

CHARCUTERIE PRATIQUE (*La*), par Marc BERTHOUD, ancien charcutier, ex-président de la corporation des charcutiers de Genève. 2e édition. 1 volume avec 74 figures. . . . . 4 fr.

EXTRAIT DE LA TABLE DES MATIÈRES. — *1re partie :* Le porc, différentes races, élevage, engraissement, maladies, transports. — Locaux, appareils, ustensiles. — Condiments, accessoires. — Abatage du porc, utilisation des différentes parties du porc, salaison, désalaison. — Premières manipulations. — *2e partie :* Charcuterie proprement dite : Andouilles, andouillettes, boudins, saucisses, saucissons, jambons, petites pièces chaudes et froides. — Grosses pièces froides. — Sauces, accessoires. — Cochon de lait, sanglier. — Pâtisserie. — Terrines. — Décoration. — Conservation des viandes, conserves. — *3e partie :* Charcuterie allemande : saucisses, produits divers.

CHARPENTIER ❋ (*Le livre de poche du*), application pratique à l'usage des CHANTIERS, des ÉLÈVES DES ÉCOLES PROFESSIONNELLES, etc., par J.-F. MERLY, charpentier, entrepreneur de travaux publics, membre de la

Société industrielle d'Angers, etc. Collection de 140 ÉPURES,
1 vol. 287 pages de texte et planches en regard. . . 5 fr.

M. Merly n'est pas un savant qui doit s'efforcer d'oublier la technologie de
l'école pour parler le langage ordinaire de la plupart de ses auditeurs ; M. Merly
est, au contraire, un ouvrier, un homme pratique, qui a cherché à se faire
comprendre par les compagnons de travail auxquels il s'adressait, et qui est
arrivé à des démonstrations si claires, à des explications si naturelles, que les
théoriciens eux-mêmes ont bientôt eu à s'inspirer de ses travaux. Rien de plus
net que ses dessins, rien de plus simple que ses préceptes : c'est en quelque
sorte en se jouant qu'il arrive aux épures les plus compliquées. — C'est le
résumé des cours faits par M. Merly à ses compagnons charpentiers.

CHASSEUR MÉDECIN (*Le*), ou traité complet sur
les maladies du chien, par M. Francis CLATER, vétérinaire
anglais, traduit de l'anglais sur la 27ᵉ édition. 3ᵉ édition
française, corrigée et augmentée, par M. Mariot-Didieux.
1 volume. . . . . 2 fr.

Le succès que ce livre a eu en Angleterre (vingt-sept éditions) dispense de
tout commentaire. Le guide que nous avons placé dans notre Bibliothèque en
est la troisième édition française. M. Mariot-Didieux, le savant vétérinaire, en
acceptant la revision de cette édition, s'est attaché à supprimer dans le texte
original des formules trop compliquées, à en simplifier d'autres et en ajouter de
nouvelles. Ainsi entièrement refondu, l'ouvrage est véritablement un traité complet sur les maladies du chien, traité auquel un chapitre sur l'art de mégisser
les peaux pour en faire des tapis sert de complément.

CHAUFFAGE PAR LE GAZ (*Le*), considéré dans
ses diverses applications, science, industrie et usages domestiques, suivi d'une notice sur les *Moteurs à gaz*, par
Gustave GERMINET. 1 volume avec 126 figures . . . . 4 fr.

CHAUFFEUR (*Manuel du*), guide pratique à l'usage
des mécaniciens, des chauffeurs et des propriétaires de machines à vapeur ; exposé des connaissances nécessaires, suivi
de conseils afin d'éviter les explosions des chaudières à
vapeur, par JAUNEZ, ingénieur civil. 2ᵉ édition. 1 volume,
37 figures dans le texte et planches . . . . 2 fr.

Cet ouvrage est spécialement destiné aux chauffeurs, comme l'indique son
titre. Les bons chauffeurs pour l'industrie privée sont rares et, par conséquent,
recherchés. Les personnes qui ont des machines à vapeur ne sont que trop souvent obligées d'employer pour chauffeurs des hommes qui manquent non seulement des connaissances indispensables pour remplir un tel emploi, mais
quelquefois même de la moindre instruction pratique. Dans de telles circonstances, il y a évidemment danger, et c'est pourquoi nous avons publié cet ouvrage, afin qu'il soit mis dans les mains de tous les ouvriers qui, sans savoir le
premier mot de la théorie de la chaleur ni de la mécanique, seront à même,
après l'avoir lu attentivement, de conduire une machine à vapeur. Cet ouvrage
doit être dans leurs mains comme un catéchisme qui viendra leur apprendre leur
métier.

Extrait de la table des matières : — Pression de l'air. — Baromètre. —

Compression de l'air. — Pompes. — Du calorique. — Thermomètre. — Quantité d'eau nécessaire à la condensation de l'eau. — De la vapeur d'eau. — Des moyens pour connaître la force de la vapeur. — Manomètre. — Soupapes de sûreté. — Conduite du feu. — Chaudière. — Giffard. — Incrustations et dépôts dans les chaudières. — Des soins et de l'entretien des machines à vapeur. — Résumé des moyens ayant pour but d'éviter les explosions. — Mise en marche des machines à vapeur. — Renseignements généraux, etc.

CHEMINS DE FER (*Traité de l'exploitation des*), ouvrage composé de deux parties, précédé d'une préface par M. Jules FAVRE, par Victor EMION.

PREMIÈRE PARTIE. — **VOYAGEURS ET BAGAGES.** . 4 fr.
DEUXIÈME PARTIE. — **MARCHANDISES.** . . . . 4 fr.

Aujourd'hui que tout le monde voyage, le manuel de M. V. Emion est devenu un guide indispensable. Il fait connaître à chacun ses droits et ses devoirs vis-à-vis des compagnies : il prend le voyageur chez lui, le mène à la gare, le suit à son départ, pendant sa route, à son arrivée, et le ramène à son domicile ; il prévoit toutes les difficultés, toutes les contestations, et en donne la solution fondée sur la loi, les règlements, la jurisprudence et l'équité.

Dans la seconde partie, M. Emion traite avec beaucoup de détails l'organisation du service des marchandises, les tarifs, les formalités exigées pour la remise des marchandises en gare, l'expédition, la livraison, enfin tout ce qui concerne les actions à intenter aux compagnies, soit pour avaries, soit pour retard, perte, négligence, etc.

CHEMINS DE FER (*Album des*), résumé graphique du cours professé à l'Ecole centrale des arts et manufactures. 4° édition, par G. CORNET, répétiteur à l'École centrale des arts et manufactures de Paris. 1 vol. texte et 74 planches gravées sur acier . . . . 10 fr.

CHEVAL (*Élevage et dressage du*), par de SOURDEVAL. 1 vol. — **En préparation.** —

CHIMIE (*Introduction à l'étude de la*), contenant les principes généraux de cette science, les proportions chimiques, la théorie atomique, le rapport des poids atomiques avec le volume des corps, l'isomorphisme, les usages des poids atomatiques et des formules chimiques, les combinaisons isomériques des corps catalyptiques, etc., accompagnée de considérations détaillées sur les acides, les bases et les sels, traduit de l'allemand par Ch. GÉRHARDT, augmentée d'une table alphabétique des matières présentant les définitions techniques et les relations des corps, par J. LIEBIG. 1 volume . . . . 3 fr.

L'accueil favorable que cette traduction a rencontré en France rappelle le succès obtenu en Allemagne par l'édition originale de l'illustre savant, considéré à juste titre comme l'un des princes de la chimie moderne.

CHIMIE (*Éléments de*), par le Dr SACC, professeur à l'Académie de Neuchâtel (Suisse), membre correspondant de la Société nationale de l'agriculture, professeur à Genève, etc. 2 volumes.

PREMIÈRE PARTIE. — **CHIMIE MINÉRALE** ou synthétique 1 vol. . . . . 3 fr. 50

SECONDE PARTIE. — **CHIMIE ORGANIQUE** ou asynthétique. 1 vol.. 3 fr. 50

Ce petit traité, comme le dit l'auteur, n'a qu'une ambition, celle de faire aimer cette admirable science, d'en exposer aussi brièvement que possible le champ immense de manière à la rendre abordable à tous. C'est la première tentative d'une *chimie naturelle* et pure. L'auteur, laissant de côté tous les systèmes, aborde donc une voie qui doit devenir féconde.

CHIMIE GÉNÉRALE ÉLÉMENTAIRE, d'après les principes modernes, avec les principales applications à la médecine, aux arts industriels et à la pyrotechnie, comprenant l'analyse chimique qualitative et quantitative. Ouvrage publié avec l'approbation de M. le ministre de la Marine et des Colonies, par Frédéric HÉTET, professeur de chimie aux écoles de la marine, pharmacien en chef, officier de la Légion d'honneur, membre de plusieurs sociétés savantes. 2 volumes avec 174 figures dans le texte. . . . . 10 fr.

SOMMAIRE DES PRINCIPAUX CHAPITRES. — Nomenclature chimique. — Notation chimique. — Lois des combinaisons. — Théorie atomique. — Acides. — Sels. — Éléments monoatomiques. — Série du chlore. — Série du brome. — Série de l'iode. — Fluor. — Série du cyanogène. — Métalloïdes diatomiques. — Série de l'oxygène. — Protoxyde d'hydrogène. — Eau. — Eaux potables. — Série du soufre. — Métalloïdes triatomiques. — Série du bore. — Métalloïdes tripentatomiques. — Série de l'azote. — Combinaisons de l'azote avec l'hydrogène. — Composés oxygénés de l'azote. — Agents explosifs modernes. — Analyse de l'acide azotique. — Série du phosphore. — Combinaisons oxygénées du phosphore. Série de l'arsenic. — Série de l'antimoine. — Bismuth. — Uranium. — Tableau résumé des azotoïdes. — Métalloïdes tétratomiques. — Série du silicium. — Série du carbone. — Gaz d'éclairage. — Combinaisons avec l'oxygène. — Sulfure de carbone. — Feux liquides de guerre. — Dosage du carbone. — Analyse des gaz et des mélanges gazeux. — Série de l'étain. — Généralités sur les métaux. — Métaux positifs. — Première classe. — Monoatomiques. — Potassium. — Poudres. — Alcalimétrie. — Sodium. — Fabrication de la soude. — Lithium. — Analyse spectrale. — Rubidium. — Césium. — Thallium. — Argent. — Alliages d'argent. — Azotate d'argent. — Réaction des sels d'argent. — Dosage de l'argent. — Métaux de la deuxième classe ou biatomique. — Calcium. — Oxydes de calcium. — Usages de la chaux. — Sulfures de calcium. — Plâtre. — Cuisson du plâtre. — Phosphates calciques. — Carbonate de calcium. — Baryum. — Strontium. — Magnésium. — Oxyde de magnésium. — Zinc. — Oxyde de zinc. — Cadmium. — Cuivre. — Laitons. — Bronzes. — Oxyde de cuivre. — Acétate de cuivre. — Réactions des sels de cuivre. — Mercure. — Chlorure de mercure. — Iodure de mercure. — Sulfate de mercure. — Fulminate de mercure. — Plomb. — Oxyde de plomb. — Minium. — Céruse. — Cobalt. — Nickel. — Chrome. — Manganèse. — Oxydes de manganèse. — Bioxyde de manganèse. — Fer. — Préparation de l'acier. — Usages du fer et de l'acier. — Propriété du fer et de l'acier. — Combinaisons du fer. — Analyse des combinaisons du fer. — Analyses des fontes et aciers. — Métaux triatomiques. — Or. — Dorure. — Métaux tétratomiques. — Molybdène. — Platine. — Amorces à fil de platine. — Osmium. — Iridium. — Palladium. — Aluminium. — Aluns. — Kaolins. — Argiles. — Mortiers. — Ciments. — Poteries. — Bétons. — Action de l'eau de mer. — Mastics. — Photographie.

CHIMIE INORGANIQUE appliquée à l'agriculture (Voir Sciences physiques, page 57).

CHIMIE ORGANIQUE appliquée à l'agriculture (Voir Sciences physiques, page 57).

CHIMISTE-AGRICULTEUR (*Manuel du*), par A.-F. POURIAU. 1 volume avec 148 figures dans le texte, et de nombreux tableaux, suivi d'un appendice. . . 6 fr.

Ce volume forme en quelque sorte le complément de la *Chimie organique* et de la *Chimie inorganique*. Il fait connaître les diverses manipulations qui sont décrites avec un très grand soin. Il contient, en outre, un grand nombre d'indications d'une utilité toute pratique.

L'intention de l'auteur en le publiant a été d'offrir aux personnes qui s'occupent de chimie agricole un guide renfermant la description des méthodes les plus simples à suivre dans l'analyse des divers composés naturels ou artificiels qui sont du domaine de l'agriculture. Désireux de mettre son livre à la portée de tout le monde, l'auteur a toujours eu le soin, dans l'exposé de ses méthodes, d'établir deux catégories d'essais. Les unes essentiellement pratiques et accessibles à tous, et les autres plus exactes et qui exigent une plus grande habitude des manipulations chimiques.

CHOIX D'UNE CARRIÈRE (*Le*), par MORTIMER D'OCAGNE. 1 vol. — **En préparation.** —

CODE DES BRIS ET NAUFRAGES (Voir Bris et Naufrages, page 20).

COLLODION SEC (*Manuel pratique de*) au tanin et de tirage économique des épreuves positives, suivi d'une étude sur la rectitude et le parallélisme des lignes en photographie, par le comte Ludovico de COURTEN, photographe. 1 volume avec figures dans le texte et une très belle photographie. . . . . 4 fr.

CONFÉRENCES AGRICOLES (*Guide pratique des*), accompagné d'un appendice comprenant des notes et des instructions pratiques puisées dans les Annales du Génie civil, par L. GOSSIN, cultivateur, professeur d'agriculture dans l'Oise. 1 volume. . . . . 1 fr.

(Ouvrage recommandé officiellement pour les écoles normales, etc.)

Dans les grandes villes, on tient des conférences ; M. Gossin a rêvé les conférences au village, des conversations intimes, familières, fructueuses. Dévoué depuis de longues années à l'enseignement rural, M. Gossin possède de plus l'art de la démonstration facile, et sa parole sympathique est écoutée avec plaisir et par conséquent avec fruit.

CONSEILLERS GÉNÉRAUX (*Manuel des*). Loi organique des conseillers généraux, avec les commentaires officiels, par J. ALBIOT. (*Code départemental.*) 1 volume 4 fr.

Cet ouvrage peut être considéré comme un aide-mémoire à l'aide duquel les personnes notables appelées, en qualité de conseillers généraux, à discuter les intérêts de leur département, trouveront de nombreux renseignements relatifs à la législation qu'ils auront à appliquer.

CONSEILLERS COMMUNAUX (*Manuel des*). 1 vol. — En préparation. —

CONSTRUCTEUR (✳ *Guide pratique du*). Dictionnaire des mots techniques employés dans la construction, à l'usage des architectes, propriétaires, entrepreneurs de maçonnerie, charpente, serrurerie, couverture, etc., renfermant les termes d'architecture civile, l'analyse des lois de voirie, des bâtiments, etc., par L.-P. PERNOT, officier de la Légion d'honneur, architecte-vérificateur des travaux publics. Troisième édition, corrigée, augmentée et entièrement refondue, par C. TRONQUOY, ingénieur civil, et ROCHET, architecte, 1 volume. — **En réimpression**. —

CONSTRUCTEUR (Voir Maçonnerie, page 43).

CONSTRUCTIONS A LA MER (*Études et notions sur les*), par BOUNICEAU, ingénieur en chef des ponts et chaussées. 1 volume avec atlas de 44 planches in-4°, dont plusieurs doubles. . . . . 18 fr.

Cet ouvrage est le résumé d'études longues et consciencieuses d'un des ingénieurs en chef les plus distingués du corps national des ponts et chaussées. M. Bouniceau a attaché son nom à des travaux d'une haute importance. Son travail devra être médité par tous ceux qu'intéressent les nouveaux développements que doivent prendre les constructions conçues en vue d'améliorer les ports de mer et les ouvrages nécessaires à la préservation des côtes. L'atlas qui accompagne ces études est remarquable sous le rapport du choix des planches et de leur exécution.

Définitions et préliminaires. — Avant-ports. Bassins. Darses. — *Môles ou brise-lames.* — Môles à claire-voies. Môles anciens. Môles modernes. — *Jetées.* Ports à marée. Chenaux. Dragues. Musoirs. Remorquage à vapeur dans les chenaux. — *Ports d'échouage :* Epaisseur des quais. Ecluses. Portes d'èbe et de flot. Manœuvre des portes. Pose des portes. Ponts sur les écluses. *Bassins à flot :* leur forme, leur largeur, leur superficie. Valeur des places à quai. — *Nettoyage des ports. — Ouvrages pour la construction et le radoubage des na-*

vires : Cales de construction. Cales de débarquement. Machines élévatoires. — *Ports dans les rivières à marée.* — *Canaux maritimes.* — *Ouvrages à l'issue des ports de commerce.* Phares. Phares en fer sur pieux à vis. Phares flottants. Feux de port. Bouées, balises. — *Matériaux de construction. Mortiers.* Pierres, sables, chaux et ciments. Fabrication des mortiers. Briques, bois. Fondations par épuisement. Fondations mixtes sur pilotis. Fondations en rade.

CORPS GRAS INDUSTRIELS *(Guide pratique de la connaissance et de l'exploitation des)*, contenant l'histoire des provenances, des modes d'extraction, des propriétés physiques et chimiques, du commerce des corps gras, des altérations et des falsifications dont ils sont l'objet, et des moyens anciens et nouveaux de reconnaître ces sophistications. Ouvrage à l'usage des chimistes, des pharmaciens, des parfumeurs, des fabricants d'huiles, etc., des épurateurs, des fondeurs de suif, des fabricants de savon, de bougie, de chandelle, d'huile et de graisses pour machines, des entrepositaires de graines oléagineuses et de corps gras, etc., par Th. CHATEAU, chimiste, ex-préparateur au Muséum d'histoire naturelle. 2ᵉ édition, augmentée d'un appendice. 1 volume avec tableaux. . . . . 5 fr.

M. Chateau, en publiant la première édition de cet ouvrage, avait eu pour but de donner aux chimistes et aux manufacturiers une histoire aussi complète que possible des corps gras industriels employés tant en France qu'à l'étranger, et considérés au point de vue de leur provenance, de leur extraction, de leur composition, de leurs propriétés physiques et chimiques, de leur commerce et de leurs altérations spontanées ou frauduleuses.

Dans la nouvelle édition, M. Chateau a ajouté à sa monographie des corps gras un appendice renfermant quelques corrections indispensables et d'importantes additions.

COUPE et CONFECTION de vêtements de femmes et d'enfants *(Méthode de)*. — Travaux à aiguille usuels. — Cours de couture en blanc. — Raccommodage. — Méthode de TRICOT. — Art de la coupe et de la confection en général, par Elisa HIRTZ. 1 volume avec 154 figures. . . . . 3 fr. 50

COTONNIER *(Guide pratique de la culture du)*, par SICARD. 1 volume avec figures dans le texte. . . . . . 2 fr.

La culture du cotonnier ne peut convenir qu'à de certaines contrées. M. Sicard, qui l'a expérimentée avec succès et pendant de longues années dans les provinces du Midi et en Algérie, a publié cet ouvrage pour faire profiter le public de l'expérience qu'il avait acquise dans la culture de cet arbrisseau.

L'ouvrage est enrichi de dessins exécutés d'après la photographie et d'une exactitude rigoureuse.

CUBAGE et ESTIMATION DES BOIS (Voir Bois, page 19).

CULTURES EXOTIQUES. Guide pratique de la culture de la **CANNE A SUCRE**, du **CAFIER**, du **CACAOYER**, suivi d'un traité de la **FABRICATION DU CHOCOLAT**, par BOURGOIN D'ORLI. 1 volume. . . . . 4 fr.

CULTURE MARAICHÈRE (✳ *Manuel pratique de*). 6ᵉ édit., augmentée d'un grand nombre de figures et de plusieurs articles nouveaux. Ouvrage couronné d'une médaille d'or par la Société centrale d'agriculture, d'une grande médaille de vermeil par la Société centrale d'horticulture, par COURTOIS-GÉRARD. 1 volume avec 89 figures dans le texte. . . . . 5 fr.

Figure spécimen du *Guide de culture maraîchère*.

Outre les récompenses honorifiques qui viennent d'être mentionnées, l'auteur de ce manuel a obtenu une attestation qui garantit la valeur de son travail aux yeux du public, en même temps qu'elle constate l'exactitude de ses recherches et l'utilité des notions renfermées dans son ouvrage. Cette attestation émane de vingt-cinq jardiniers maraîchers de la ville de Paris qui, après avoir entendu la lecture du travail de M. Courtois-Gérard, déclarent qu'ils lui donnent toute leur approbation, comme étant conforme aux bonnes méthodes de culture en usage parmi eux, et autorisent l'auteur à le publier sous leur patronage.

Cet ouvrage est officiellement recommandé pour les écoles normales, etc. Cette nouvelle édition a été augmentée d'un chapitre sur la culture des porte-graines et d'un vocabulaire maraîcher.

Table des principaux chapitres :

Marais pour culture de pleine terre. — Marais pour culture de primeurs. — Analyse des terres. — De l'établissement d'un jardin maraîcher. — Engrais et pailles. — Outillage. — Diverses opérations. — La culture des porte-graines. — Destruction des insectes. — Des maladies des plantes. — Calendrier du maraîcher ou travaux manuels. — Vocabulaire du maraîcher.

D

DESSINATEUR (✳ *Comment on devient un*), par VIOLLET-LE-DUC. 1 volume, orné de 110 dessins par l'auteur et d'un portrait de Viollet-le-Duc. 8ᵉ édition. . . . . 4 fr.

EXTRAIT DE LA TABLE DES MATIÈRES. — Notables découvertes. — Comment il est reconnu que la géométrie s'applique à plusieurs choses. — Autres découvertes touchant la lumière et la géométrie descriptive. — Où on commence à voir. — Une leçon d'Anatomie comparée. — Opérations sur le terrain. — Cinq ans après. — Où une vocation se dessine. — Douze jours dans les Alpes. — Conclusion.

DESSIN LINÉAIRE (*Guide pratique pour l'étude du*) et de son application aux professions industrielles, par A. ORTOLAN, mécanicien chef de la marine de l'Etat, et J. MESTA, mécanicien principal. 1 volume avec un atlas de 41 planches doubles. . . . . 6 fr.

Cet ouvrage recommandable est aujourd'hui adopté dans plusieurs écoles industrielles; on le trouve dans tous les ateliers. Un dictionnaire des termes techniques lui sert d'introduction, ce qui a permis aux auteurs de donner dans le cours de leur travail des indications sur les détails, sans obliger l'élève à recourir au texte des premières leçons. C'est donc par la nomenclature des instruments indispensables à l'étude du dessin que les auteurs ont débuté, puis arrivant à l'application, ils donnent la définition des lignes géométriques : le point, la ligne droite, brisée, courbe ; arc de cercle, rayon ; les angles. — Tracé des parallèles et des perpendiculaires. — Construction des angles. — Figures géométriques. — Des triangles. — Des quadrilatères. — Tangentes et sécantes à la circonférence. — Angles inscrits et circonscrits à la circonférence. — Polygones réguliers, figures inscrites et circonscrites. — Définition et construction. — Mesure et divisions des lignes. — Mesure des angles. — Rapporteurs. — Des solides. — Du plan horizontal et du plan vertical, des projections, des croquis, de la vis. — Exécution d'un dessin d'après un croquis coté et sur une échelle de convention. — Exécution d'un dessin d'ensemble avec projection de coupe. — Des engrenages ou roues dentées. — De quelques courbes et de leur tracé. — Rédaction et copie d'un dessin. — Dessins ombrés au tire-ligne, du lavis, etc., etc.

DICTIONNAIRE DES FALSIFICATIONS (Voir Falsifications, page 34).

DICTIONNAIRE DU CONSTRUCTEUR (Voir Constructeur, page 26).

DICTIONNAIRE DES TERMES TECHNIQUES (Voir Termes techniques, page 59).

DICTIONNAIRE DES COSMÉTIQUES ET PARFUMS (Voir Parfumeur, page 50).

DOUANE (*Recueil abrégé des lois et règlements sur la*), son organisation, son personnel et ses brigades, par Eugène LELAY, capitaine des douanes. 1 volume.   4 fr.

TABLE DES MATIÈRES. — *Des Douanes et de leur organisation.* — *Attributions du personnel.* — *Service actif ou des brigades.* — *Lois générales relatives au personnel.*

DRAINAGE (*Guide pratique de*); résultats d'observations et d'expériences pratiques, traduit pour l'usage des agriculteurs français par C. Hombourg, par C.-E. KIELMANN, directeur de l'École agricole de Haasenfelde. 1 volume avec figures dans le texte . . . . 2 fr.

La plupart des ouvrages publiés sur le drainage sont le résultat d'études théoriques que l'expérience n'a pas encore sanctionnées. M. Kielmann est entré dans une autre voie : il n'a eu recours à la théorie qu'autant que cela était nécessaire pour expliquer certains phénomènes. Comme il le dit dans sa préface, il voulait offrir à ceux qui commencent à s'occuper du drainage, et même au plus petit cultivateur, un livre à la lecture facile et surtout compréhensible.

Extrait de la table des matières. — Quels sont les terrains qui ont besoin d'être drainés. — De la fabrication des tuyaux, leur longueur, largeur et épaisseur. — Préparation d'une bonne matière pour la confection des tuyaux. — Machine à étirer les tuyaux, préparation de l'argile. — De la cuisson des tuyaux, des travaux préparatoires, nivellement des tranchées, circulation de l'air à travers les tuyaux. — De la quantité d'eau qui s'écoule par les drains, etc.

DROIT MARITIME INTERNATIONAL ET COMMERCIAL (*Notions pratiques de*), par Alph. DONEAUD, professeur à l'École navale. *Aide-mémoire de l'officier de marine*, marine militaire et marine marchande. 1 volume. . . . . 3 fr.

Les derniers traités de commerce ont augmenté dans des proportions considérables les relations internationales. Cet ouvrage de M. Doneaud devient donc d'une grande utilité pratique. Nous ajouterons que ce livre commence une série de volumes dont l'ensemble formera, dans notre bibliothèque, l'*Aide-mémoire de l'officier de marine*.

Extrait de la table des matières. — De la mer et des fleuves. — Droit international en temps de paix. — Droit commercial. — Droit maritime international en temps de guerre. — Documents officiels. — Bibliographie des principaux ouvrages à consulter pour le droit des gens en général, le droit international maritime et le droit commercial.

DYNAMITE et **AGENTS EXPLOSIFS.** 1 volume. — **En préparation.** —

E

ÉCOLES DE FRANCE (*Les grandes*). Écoles militaires, Écoles civiles, par MORTIMER D'OCAGNE. 3° édit., 1 volume . . . . 3 fr.

ÉCONOMIE DOMESTIQUE (*Guide pratique d'*), publié sous forme de dictionnaire, contenant des notions d'une *application journalière* : chauffage, éclairage, blanchissage, dégraissage, préparation et conservation des substances alimentaires, boissons, liqueurs de toutes sortes, cosmétiques, soins hygiéniques, médecine, pharmacie, etc., par le docteur B. LUNEL, médecin-chimiste, membre des Académies des sciences de Caen, de Chambéry, etc., 1 volume. . . . . 2 fr.

L'économie domestique, longtemps dédaignée, s'est élevée aujourd'hui au point de devenir elle-même une science. Le Guide de M. le docteur Lunel, sous la forme commode du dictionnaire, constitue une véritable encyclopédie de cette science nouvelle.

ÉCURIES et **ÉTABLES** (Voir Habitation des animaux, page 37).

ÉLECTRICIEN (*Guide pratique de l'ouvrier*). 1 volume. — En préparation. —

ÉLECTRICITÉ (*Leçons élémentaires d'*) ou exposition concise des principes généraux de l'ÉLECTRICITÉ ET DE SES APPLICATIONS, par SNOW-HARRIS, annotées et traduites par E. GARNAULT, professeur de physique à l'École navale. 1 volume avec 72 figures dans le texte . . . . 3 fr.

Les leçons de M. Snow-Harris ont eu un grand succès en Angleterre. L'auteur s'est surtout attaché à donner des idées saines, pratiques et théoriques sur les principes généraux de l'électricité et les faits les plus simples qu'il démontre à l'aide d'expériences faciles à répéter.

Le traducteur, qui est lui-même un professeur distingué, a ajouté à l'ouvrage anglais des notes dans lesquelles il donne surtout des aperçus sur les principales applications de l'électricité dans l'industrie.

ENGRENAGES (*Traité pratique du tracé et de la construction des*), de la vis sans fin et des cames, par F.-G. DINÉE, mécanicien de la marine, ex-élève de l'École des arts et métiers de Châlons-sur-Marne. 1 volume et 17 planches. 3 50

Ce livre répond à un besoin, car depuis longtemps il manquait à toute bibliothèque industrielle ; c'est une œuvre de mécanique véritablement pratique.

Il se divise en trois chapitres :

1o Des courbes en usage dans la construction des engrenages ; 2o dimensions des détails et de l'ensemble des engrenages ; 3o tracé des engrenages, des vis sans fin, des cames.

ENTOMOLOGIE AGRICOLE (*Guide pratique d'*), et petit traité de la destruction des insectes nuisibles, par H. GOBIN. 1 volume orné de 42 figures, 2o édit. 4 fr.

Figure spécimen du *Guide d'entomologie agricole.*

Ce traité, d'une lecture attrayante, possède un grand fond de science. Il se compose de lettres familières adressées à un nouveau propriétaire rural. Tous les insectes qui s'attaquent aux champs et à leurs produits et aux animaux y sont passés en revue, et, ce qui est mieux encore, l'auteur a indiqué le moyen de se débarrasser de cette engeance envahissante. Le livre est terminé par des nomenclatures scientifiques avec les noms français.

ENTREPRISES COMMERCIALES (*Manuel des*). 1 volume. — En préparation. —

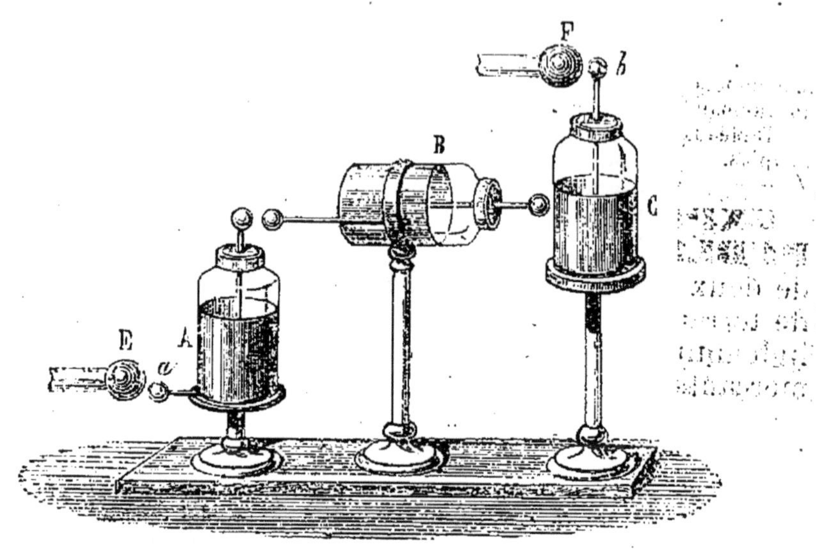

Gravure spécimen des *Leçons d'Électricité*. (Voir page 31.)

ÉPICERIE (*Guide pratique de l'*), ou Dictionnaire des denrées indigènes et exotiques, comprenant : l'étude, la description des objets consommables; les moyens de constater leurs qualités, leur nature, leur valeur réelle; les procédés de préparation, d'amélioration et de conservation des denrées, etc.; contenant, en outre, la fabrication des liqueurs, le collage des vins, et enfin les procédés de fabrication d'une foule de produits que l'on peut ajouter au commerce de l'épicerie, par le docteur B. LUNEL. 1 volume 3 fr.

Le commerce de l'épicerie et des denrées indigènes et exotiques d'un usage journalier est l'un des plus importants et des plus utiles pour la société. Il était regrettable que cette branche si étendue du commerce n'ait pas encore son livre spécial. Sans doute on trouve dans nombre d'ouvrages l'histoire des denrées indigènes et exotiques. Réunir sous forme de dictionnaire toutes ces données éparses, afin de faciliter les renseignements, tel a été le but que s'est proposé le docteur Lunel en publiant son livre sur l'épicerie.

ETHNOGRAPHIE (✳ *Manuel pratique d'*), ou description des races humaines; les différents peuples, leurs caractères naturels, leurs caractères sociaux, divisions et subdivisions des différentes races humaines, par

J. D'Omallius d'Halloy. 5ᵉ édition. 1 volume avec une
planche représentant les principaux types. . . . . . . 4 fr.

Extrait de la table des matières. — De l'ethnographie en général. — De la
race blanche. — Du rameau européen, du rameau arménien, du rameau scyti-
que. — De la race brune, du rameau éthiopien, du rameau indou, du rameau
indochinois, du rameau malais. — De la race rouge, du rameau hyperboréen,
du rameau mongol, du rameau sinique. — De la race noire. — Des hybrides.
— Tableaux de la division du genre humain en races, rameaux, familles et
peuples.

**EXPROPRIÉS POUR CAUSE D'UTILITÉ
PUBLIQUE** (*Manuel pratique et juridique des*), suivi
de deux tableaux donnant le chiffre de la valeur du mètre
de terrain dans Paris, et faisant connaître les principales
indemnités accordées aux industriels, négociants et commerçants expropriés, par Victor Emion, avocat à la cour
de Paris, ancien sous-préfet. 1 volume . . . . 1 fr.

F

FALSIFICATIONS (*Guide pratique pour reconnaître
les*), ou Dictionnaire des falsifications des substances alimentaires (aliments et boissons), contenant : la description
de *l'état naturel ou normal des substances alimentaires* et
leur *composition chimique*, les moyens de constater leur
nature, leur valeur réelle ; les altérations spontanées, accidentelles, qu'elles peuvent subir, et les moyens de les prévenir : les altérations et falsifications qui les dénaturent
c'est-à-dire qui en modifient l'aspect, la saveur, les propriétés nutritives, et qui les rendent souvent dangereuses ;
enfin les moyens chimiques de rendre sensibles les altérations, falsifications et contrefaçons des diverses substances
alimentaires, par le docteur Lunel. 2ᵉ édit. 1 volume. 5 fr.

FÉCULIER et de l'**AMIDONNIER** (*Guide pratique
du*), suivi de la conversion de la fécule et de l'amidon en
dextrine sèche et liquide, en sirop de glucose, sirop de
froment, sirop impondérable ; en sucre de raisin, sucre
massé, sucre granulé et cassonade ; en vin, bière, cidre ;

alcool et vinaigre, ainsi que leur application dans beaucoup d'autres industries, par L.-F. DUBIEF. 3ᵉ édition, 1 volume avec gravures dans le texte . . . . 4 fr.

Extrait de la table des matières. — Première partie. — Aperçu historique. — Des substances qui contiennent la fécule. — Composition et conservation de la pomme de terre. — Extraction de la fécule. — Lavage, râpage, tamisage, épuration, séchage, blutage. — Des résidus de la pomme de terre. — Du blanchiment de la fécule. — Rendement de la pomme de terre en fécule. — Perfectionnements importants apportés au lavage, etc. — Conservation, vente et falsification. — Caractères et propriétés de la fécule.

Dans la deuxième partie, l'auteur donne la description des procédés à suivre pour fabriquer les amidons.

La troisième et dernière partie vient compléter les deux premières par les renseignements les plus récents.

Dans cet ouvrage, l'auteur s'est appliqué à dégager son texte de toute gêne scientifique; il a été clair et précis pour mettre son enseignement à la portée de toutes les instructions et de toutes les intelligences. Pour chaque sujet, il est entré dans des développements minutieux en indiquant souvent ces tours de mains si indispensables, et que seule, la pratique ordinairement peut apprendre.

FER (*Le*). *Guide pratique du métallurgiste,* son histoire, ses propriétés et ses différents procédés de fabrication, ouvrage traduit de l'anglais, avec l'approbation de l'auteur, et augmenté de notes et d'un appendice, par M. Gustave MAURICE, ingénieur civil des mines, secrétaire de la rédaction du *Bulletin de la Société d'encouragement,* par William FAIRBAIRN, ingénieur civil, membre de la Société royale de Londres, correspondant de l'Institut de France, etc. 1 volume avec 68 figures dans le texte . . . . 4 fr.

Depuis longtemps, le nom de M. Fairbairn fait autorité dans l'industrie du fer. Après avoir tracé l'histoire des progrès de la fabrication du fer, l'auteur donne les analyses des minerais et des combustibles dans leurs rapports avec les résultats des différents procédés de fabrication : il saisit cette occasion pour donner la description des fourneaux, machines, etc., employés dans la métallurgie du fer.

M. Maurice a complété cette traduction par des notes et un appendice. Il a éliminé tout ce que le texte original pouvait présenter de trop laconique ou de trop exclusivement rédigé en vue de la métallurgie anglaise. Parmi ces appendices, on remarque ceux concernant les procédés Bessemer et les notes sur la résistance des tubes à l'écrasement.

Extrait de la table des matières. — Histoire de la fabrication du fer. — Les minerais des différentes parties du monde. — Les combustibles : charbon de bois, tourbe, coke, houille. — Production des combustibles dans le monde entier. — Réduction des minerais. — Transformation de la fonte en fer. — Des machines employées pour forger le fer. — La forge. — Le procédé Bessemer. — Fabrication de l'acier. — Trempe et recuite de l'acier. — De la résistance et des autres propriétés mécaniques de la fonte, du fer et de l'acier. — Composition chimique de la fonte. — Statistique de l'industrie sidérurgique, etc.

G

GÉOGRAPHIE (*Traité de*) physique, ethnographique et historique à l'usage des artistes, des écoles d'architecture et des gens du monde, par O. LESCURE, professeur à l'École centrale d'architecture. 1 volume.   3 fr.

Ce traité est le développement du programme de géographie sur lequel sont interrogés les candidats à l'Ecole spéciale d'architecture.

GÉOLOGUE (*Manuel du*), par DANA, traduit et adapté de l'anglais par W. HOUTLET. 1 volume avec 363 figures. 2ᵉ édition. . . . .   4 fr.

TABLE DES MATIÈRES. — *Introduction.* — *Géologie physiographique.* — Traits généraux de la surface terrestre. — Système des formes terrestres. — *Géologie lithologique.* — Constitution des roches. — Condition et structure des masses rocheuses. — Règne animal. — Règne végétal. — *Géologie historique.* — Age archéen. — Temps paléozoïque. — Temps mésozoïque. — Temps cénozoïque — Ere de l'intelligence. — *Observations générales sur l'histoire géologique.* — Durée des temps géologiques. — Progrès de la vie. — *Géologie dynamique.* — Vie. — Atmosphère. — Eau. — Chaleur. — Mouvements dans la croûte terrestre et leurs conséquences. — *Appendice.* — Instruments de géologie. — Échantillons.

Gravure spécimen du *Manuel du Géologue.*

GÉOMÈTRE ARPENTEUR (*Guide pratique du*), comprenant l'arpentage, le nivellement, le levé des plans et le partage des propriétés agricoles, avec un appendice sur le calcul des solides ; 3ᵒ édition, entièrement refondue, par P.-G. GUY, ancien élève de l'Ecole polytechnique, officier d'artillerie. 1 volume avec 183 figures. . . . .   4 fr.

L'auteur, en publiant cet ouvrage, a eu pour intention d'en faire un *vade-mecum* utile aux ingénieurs, aux conducteurs des ponts et chaussées, aux agents voyers, géomètres, arpenteurs, etc. Son format portatif permet de pouvoir le consulter sur le terrain ; il est un abrégé d'un grand nombre d'ouvrages encombrants, dont il présente toutes les données nécessaires pour connaître et vérifier la contenance des pièces de terre et pour en construire un plan exact.

GÉOMÉTRIE ÉLÉMENTAIRE (*Leçons de*), par Ch. Rozan, professeur de mathématiques. 1 volume avec un atlas de 31 planches doubles . . . . 6 fr.

En résumant les principes essentiels de la géométrie élémentaire, ceux qui conduisent directement à la mesure des lignes, des surfaces et des corps, l'auteur s'est attaché surtout à faire sentir la liaison qui existe entre ces principes, la manière dont ils découlent les uns des autres par un enchaînement continuel de déductions et de conséquences. Il s'est donc attaché à couper le discours aussi peu que possible, et à dire d'une seule traite tout ce qui se rattache à un même ordre de questions. Il le dit très brièvement, pour ne pas fatiguer l'attention ou faire perdre de vue le point de départ ; cette rapidité des démonstrations n'a cependant rien ôté à leur clarté.

H

HABITATIONS DES ANIMAUX (✳ *Guide pratique pour le bon aménagement des*), par E. Gayot, membre de la Société centrale d'Agriculture de France. Cet ouvrage se compose de 2 parties.

1re partie : ✳ les **ÉCURIES ET LES ÉTABLES**. 1 volume avec 63 figures. . . . . 3 fr.

2e partie : ✳ les **BERGERIES ET LES PORCHERIES**, les habitations des animaux de la basse-cour, clapiers, oiselleries et colombiers. 1 volume avec 65 figures . . . 3 fr.

Aucun animal ne saurait être développé dans ses facultés natives, dans ses aptitudes propres, et produire activement dans le sens de ces dernières, si on ne le place dans les meilleures conditions d'alimentation, de logement, de multiplication. M. Gayot, avec l'autorité d'une longue expérience, a réuni dans ces deux volumes les conditions générales d'établissements et les dispositions particulières aux diverses espèces d'animaux.

1re PARTIE. — **Écuries et Étables**. *Extrait de la table des matières.* — Le sujet à vol d'oiseau. — Des effets de l'air pur et de l'air vicié sur l'économie animale. — L'aération : les portes et fenêtres, barbacanes et ventilateurs. *Dispositions particulières aux diverses espèces* : les dimensions intérieures, encore les portes et fenêtres, de l'aire des écuries, le plancher supérieur des écuries, arrangement intérieur et ameublement des écuries, les séparations, les boxes, établissements spéciaux, la température des écuries. *Les étables de l'espèce bovine* : l'aération, l'aire des étables, les dimensions et l'aménagement intérieurs, les boxes, règle d'hygiène générale, établissements spéciaux.

2º PARTIE. — **Les Bergeries** : de l'habitation en plein air, le parc des champs, le parc domestique, les abris brise-vent. — DE L'HABITATION COUVERTE : conditions particulières à l'établissement des bergeries, les portes et fenêtres, l'aération, les bâtiments, les aménagements intérieurs, auges et râteliers. — LA PORCHERIE : les conditions spéciales, la construction, les portes et fenêtres, les aménagements essentiels, les auges, dispositions particulières de l'ensemble. — *Les habitations de la basse-cour* : l'habitation du dindon, l'habitation de l'oie, la demeure du canard, le colombier et la volière, la faisanderie, etc., etc.

HERBORISEUR (✼ *Manuel de l'*). Comment on devient botaniste. — Clefs analytiques. — Description des genres et des espèces, suivie d'un vocabulaire. par E. GRIMARD. 5º édit. 1 volume . . . . 5 fr.

HYDRAULIQUE ET D'HYDROLOGIE souterraine et superficielle (*Guide pratique d'*), ou traité de la science des sources, de la création des fontaines, de la captation et de l'aménagement des eaux pour tous les besoins agricoles et industriels, par LAFFINEUR. 1 volume avec figures . . . . 3 fr. 50

HYDRAULIQUE URBAINE ET AGRICOLE (*Guide pratique d'*). Traité complet de l'établissement des conduites d'eau pour l'alimentation des villes, bourgs, châteaux, fermes, usines, et comprenant les moyens de créer partout des sources abondantes d'eau potable, par Jules LAFFINEUR, ingénieur civil et agronome, membre de plusieurs Sociétés savantes. 1 volume. —**Epuisé.**—

HYGIÈNE ET DE MÉDECINE USUELLE *Guide pratique d'*), complété par le traitement du *choléra épidémique*, par Victor LUNEL. 1 volume . . . . . . 2 fr.

Ce livre ne s'adresse à aucune spécialité de lecteurs et convient à tout le monde. Il se subdivise en hygiène privée et en hygiène publique. Dans la première partie, l'auteur examine dans quelle mesure l'homme qui veut conserver sa santé doit, selon son âge, sa constitution et les circonstances dans lesquelles il se trouve, user des choses qui l'environnent et de ses propres facultés, soit pour ses besoins, soit pour ses plaisirs. Dans la seconde, il s'occupe de tout ce qui concerne la salubrité publique. Un chapitre spécial est consacré à la médecine des accidents.

I

INGÉNIEUR AGRICOLE (*Guide pratique de l'*). Hydraulique, dessèchement, drainage, irrigation, etc.; suivi d'un appendice contenant les lois, décrets, règlements et instructions ministérielles qui régissent ces matières, etc., par Jules LAFFINEUR, ingénieur civil et agronome, membre de plusieurs sociétés savantes. 1 volume avec figures et 3 planches. . . . . 3 fr.

Extrait de la table. — Classification des terrains. — Travaux de dessèchement, évaporation, infiltration. — Jaugeage des sources, des ruisseaux et rivières. — Tracé des canaux. — Description des procédés de dessèchement, colmatage, limonage, du drainage. — Irrigation, établissement d'un système d'irrigation. — Murs de soutènement des canaux, revêtements, radiers, déversoirs, barrage, siphon. — Des diverses méthodes d'arrosage. — Mise en culture des terrains à grandes pentes. — Jurisprudence rurale.

INTRODUCTION A L'ÉTUDE DES BEAUX-ARTS. — En préparation.—

INTRODUCTION A L'ÉTUDE DE LA CHIMIE (Voir Chimie, page 23).

INTRODUCTION A L'ÉTUDE DE LA PHYSIQUE (Voir Physique, page 51).

INVENTEURS en France et à l'Étranger (*Les droits des*). Conseils généraux. — Brevets d'invention. — Péremption. — Vente. — Licences. — Exploitation. — Géographie industrielle. — Marques de fabrique. — Dessins. — Objets d'utilité, par H. DUFRENÉ, ingénieur civil, ancien élève de l'Ecole des arts et manufactures. 1 volume. . . . . 3 fr.

J

JARDINAGE (✻ *Manuel pratique de*), contenant la manière de cultiver soi-même un jardin ou d'en diriger la culture. 8ᵉ édition, par COURTOIS-GÉRARD, marchand grainier, horticulteur. 1 volume avec 1 planche et de nombreuses figures dans le texte . . . . 5 fr.

Gravure spécimen du *Manuel de jardinage*.

Nous renvoyons à la note accompagnant le *Manuel de culture maraîchère*, pour les titres de M. Courtois-Gérard à la confiance publique. Dans le *Manuel du jardinier*, les jardiniers de profession trouveront des conseils, des détails nouveaux et des renseignements pratiques qu'ils peuvent ignorer ; le propriétaire et l'amateur de jardin y puiseront des instructions précises et claires qui leur éviteront toute espèce de méprises et d'erreurs.

Sommaire des principaux chapitres :

Dispositions générales d'un jardin potager. — Calendrier. — Travaux de chaque mois. — Les outils. — Les défoncements. — Les fumiers. — Les arrosements. — Les couches. — Semis. — Repiquages. — Marcottes. — Boutures. — De la greffe. — De la conservation des plantes. — Les maladies des plantes potagères. — La culture des arbres fruitiers. — La culture des arbres d'agrément. — Destruction des animaux nuisibles, etc.

JOAILLIER (*Guide pratique du*), ou, traité complet des pierres précieuses, leur étude chimique et minéralogique, les moyens de les reconnaître sûrement, leur valeur approximative et raisonnée, leur emploi, la description des plus extraordinaires des chefs-d'œuvre anciens et modernes auxquels elles ont concouru, par CH. BARBOT, ancien joaillier, inventeur du procédé de décoloration du diamant brut, membre de plusieurs sociétés savantes. 1 vol. avec 3 planches renfermant 178 figures représentant les diamants les plus célèbres de l'Inde, du Brésil et de l'Europe, bruts et taillés, et les dimensions exactes des brillants et roses en rapport avec leur poids, depuis un carat jusqu'à cent carats. Nouvelle édition, revue, corrigée et annotée par CH. BAYE. 1 vol. . . . 4 fr.

L

LAINE peignée, cardée, peignée et cardée (*Traité pratique de la*), contenant : 1re *partie*, mécanique pratique, formules et calculs appliqués à la filature : 2° *partie*, filature de la laine peignée, cardée peignée, sur la Mull-Jenny ; 3° *partie*, filage anglais et français sur continu ; 4° *partie*, laine cardée, par Charles LEROUX, ingénieur mécanicien, directeur de filature. 1 volume avec 32 figures dans le texte et 4 planches. . . . . 15 fr.

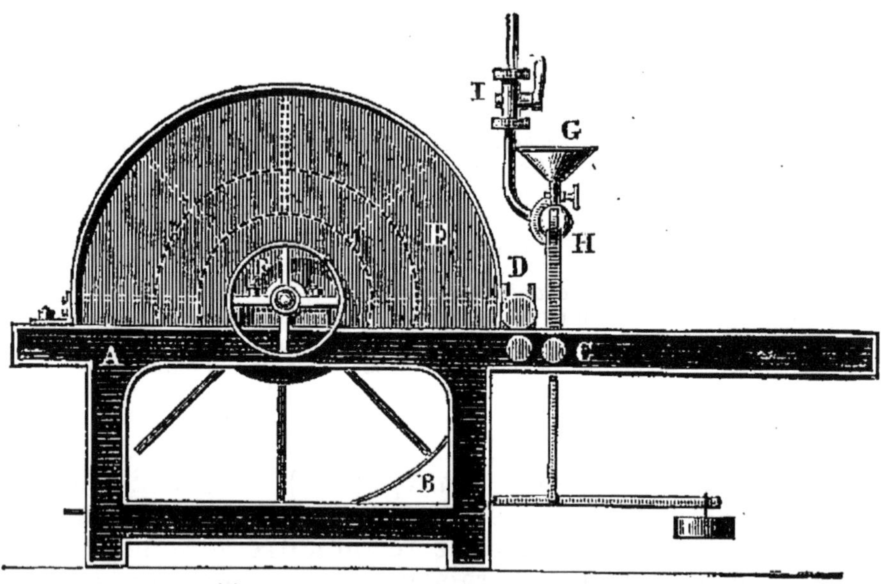

Figure spécimen du *Traité de la laine.*

Extrait de la table des matières. — Choix d'un moteur. — Transmissions. — Arbres de couche. — Courroies. — Poulies. — Engrenages. — Frottements. — Force des moteurs. — Leviers. — Fabrication. — Triage des laines. — Caractères des laines. — Main-d'œuvre du triage. — Battage. — Nettoyage des laines. — Dessuintage. — Dégraissage. — Graissage des laines. — Disposition mécanique d'un assortiment de cardes. — Aiguisement des garnitures. — Bourrage des garnitures. — Cardages. — Passage au Gill-Box. — Lissage et dégraissage des rubans. — Peignage des laines. — Préparation des laines pour filage français. — Les différents passages. — Filage français sur Mull-Jenny.

LAPINS (✳ *Guide pratique de l'éducation des*), ou Traité de la race cuniculine, suivi de l'Art de mégisser leurs peaux et d'en confectionner des fourrures, par MARIOT-DIDIEUX. 1 volume . . . . 2 fr. 50

L'industrie de l'éducation de la race cuniculine est créée et elle marche vers le progrès. C'est dans le but de la voir se propager dans les campagnes que l'auteur a publié cette nouvelle édition de son *Guide pratique*, en l'enrichissant d'un grand nombre de données nouvelles. En résumé, l'auteur démontre qu'aucune viande ne peut être produite à aussi bon marché que celle du lapin. En terminant sa préface, il adjure les habitants des campagnes de se livrer à l'éducation des lapins, parce qu'ils y trouveront, sans beaucoup de soins, une source abondante de bien-être.

LÉGISLATION PRATIQUE (✳ *Premiers principes de*), appliquée au Commerce, à l'Industrie et à l'Agriculture, par Maurice BLOCK. 2ᵉ édit. 1 volume . . . 4 fr.

LIQUEURS (*Traité de la fabrication des*) françaises et étrangères, sans distillation. 6ᵉ édition, augmentée de développements plus étendus, de nouvelles recettes pour la fabrication des liqueurs, du kirsch, du rhum, du bitter, la préparation et la bonification des eaux-de-vie et l'imitation de celles de Cognac, de différentes provenances, de la fabrication des sirops, etc., etc., par L.-F. DUBIEF, chimiste œnologue. 1 volume. . . . . 4 fr.

Ce traité est formulé en termes clairs et familiers ; la personne la moins expérimentée dans l'art du distillateur qui en lira attentivement les préceptes pourra, sans aucun guide, devenir un bon fabricant après quelques essais.

Sommaire de quelques chapitres. — De la composition des liqueurs. — Quantités d'alcool, de sucre et d'eau, pour les différentes classes de liqueurs.— Des teintures aromatiques. — Des infusions. — De la coloration des liqueurs. — Du mélange. — Du perfectionnement des liqueurs par le tranchage. — Du collage des liqueurs. — De la filtration. — De la conservation des liqueurs. — Règle générale pour bien opérer la fabrication des liqueurs. — Considérations à observer. — Des spiritueux aromatiques non sucrés. — Emploi des écumes et des eaux provenant du lavage des filtres. — Formules et préparations des sirops. — De l'alcool. — Du coupage ou mouillage des alcools. — Des eaux-de-vie. — Opérations d'eaux-de-vie à tous les titres avec les alcools d'industrie. — Résumé pour les liqueurs, les eaux-de-vie et les alcools. — Appendice. — L'auteur termine cet ouvrage par une liste des principaux marchés des eaux-de-vie, esprits, etc.

LIQUORISTE DES DAMES (*Le*), ou l'art de préparer en quelques instants toutes sortes de liqueurs de table et des parfums de toilette avec toutes les fleurs cultivées dans les jardins, suivi de procédés très simples et expérimentés pour mettre les fruits à l'eau-de-vie, faire des liqueurs et des ratafias, des vins de dessert, mousseux et non mousseux, des sirops rafraîchissants, etc., par L.-F. DUBIEF. 1 volume avec figures dans le texte. 3 fr.

Ce que nous avons dit des autres ouvrages de M. Dubief nous dispense de nous étendre sur celui-ci. C'est aux dames qu'il est adressé, et l'accueil qu'il a obtenu prouve suffisamment combien il est utile dans toute bibliothèque de ménage.

M

✳ MAÇONNERIE — Guide pratique du Constructeur — par A. DEMANET, lieutenant-colonel honoraire du génie, membre de l'Académie royale de Belgique, etc. 1 volume avec tableaux, accompagné de 20 planches doubles renfermant 137 figures gravées sur acier. . . . . 5 fr.

Extrait de la table des matières. — Des tracés. — Des mortiers et mastics. — Des appareils. — De l'exécution des maçonneries. — Échafaudages et cintres. — Outils et appareils. — Décintrements, charges, jointoiement. — Des épaisseurs à donner aux maçonneries. — Évaluations des travaux de maçonnerie. — Travaux divers. — Travaux d'entretien et de restauration. — De l'organisation des chantiers, etc.

MAISON (✳* *Comment on construit une*), par VIOLLET-LE-DUC. 1 volume avec 62 dessins par l'auteur. 5ᵉ édition. . . . . 4 fr.

Extrait de la table des matières. — Plantation de la maison et opération sur le terrain. — La construction en élévation. — La visite au chantier. — — L'étude des escaliers. — Ce que c'est que l'architecture. — Études théoriques. — La charpente. — La fumisterie. — La menuiserie. — La couverture et la plomberie. — L'inauguration de la maison.

MANGANÈSES (Voir Potasses, page 54).

MARCHANDISES (*La liberté et le courtage des*), par V. EMION. Commentaire pratique de la loi du 18 juillet 1866. — **Épuisé.** —

MARCHANDISES (Voir Exploitation des chemins de fer, page 23).

MARÉCHALERIE-FERRURE. 1 volume. — **En** préparation. —

MATIÈRES INDUSTRIELLES (*Guide pratique pour l'essai des*), d'un emploi courant dans les usines, les chemins de fer, les bâtiments, la marine, etc., à l'usage des ingénieurs, manufacturiers, architectes, officiers de marine, etc., par Jules GAUDRY, chef du laboratoire des essais au chemin de fer de l'Est. 1 volume avec 37 figures et nombreux tableaux. . . . . 4 fr.

SOMMAIRE DES PRINCIPAUX CHAPITRES : PREMIÈRE PARTIE. — *Principes généraux de l'essai chimique.* — I. Composition et décomposition des corps. — II. Principes fondamentaux de l'analyse. — III. Manipulations chimiques. — IV. Marche de l'analyse. — DEUXIÈME PARTIE. — *Méthode d'essai des principales substances d'emploi courant.* — Troisième partie. *Tableaux :* Tableau A. Des principaux corps simples. — B. Division des bases en cinq groupes. — C. Division des acides en trois groupes. — D. Décomposition de l'eau par les métaux. — E. Analyse de l'eau. — F. États des incinérations. — G. Degré oléométrique des huiles. — H. Tableau comparatif des principaux métaux industriels. — Appareils divers pour les essais.

Gravure spécimen de *Comment on construit une maison.* (Voir page 43).

MÉCANICIEN (✳ *Guide pratique de l'ouvrier*), ou la MÉCANIQUE DE L'ATELIER, par MM. Bonnefoy, Cochez, Dinée, Gibert, Guipont, Juhel et Ortolan, mécaniciens en chef et mécaniciens principaux de la marine de l'Etat. 1 volume avec de nombreuses figures dans le texte et un atlas de 52 planches. Texte et atlas. 2ᵉ édition. 12 fr.

Extrait de la Préface. — L'*Ouvrier mécanicien* est un recueil de faits réunis sous la forme de calculs arithmétiques accessibles à toutes les personnes qui savent faire les quatre premières règles. Nous ne saurions trop recommander aux ouvriers qui ne sont plus familiarisés avec les signes et les annotations mathématiques élémentaires, de ne pas croire qu'il y a pour eux quelque difficulté à comprendre les formules écrites dans ce livre et à s'en servir. Les calculs qu'elles résument sous la forme la plus simple sont suivis d'un ou de plusieurs exemples d'application.

Les parties du texte imprimées en caractères plus forts contiennent les indications simples et précises sur le plus grand nombre de cas d'application de la mécanique aux professions industrielles. Ces indications proviennent de l'expérienco des ingénieurs et des constructeurs en renom et de celle des auteurs du livre.

Les parties du texte imprimées en petits caractères traitent le côté plus théorique que pratique des questions. On peut se dispenser de les étudier, si on ne veut trouver dans l'*Ouvrier mécanicien* que le secours d'un formulaire pour l'application immédiate.

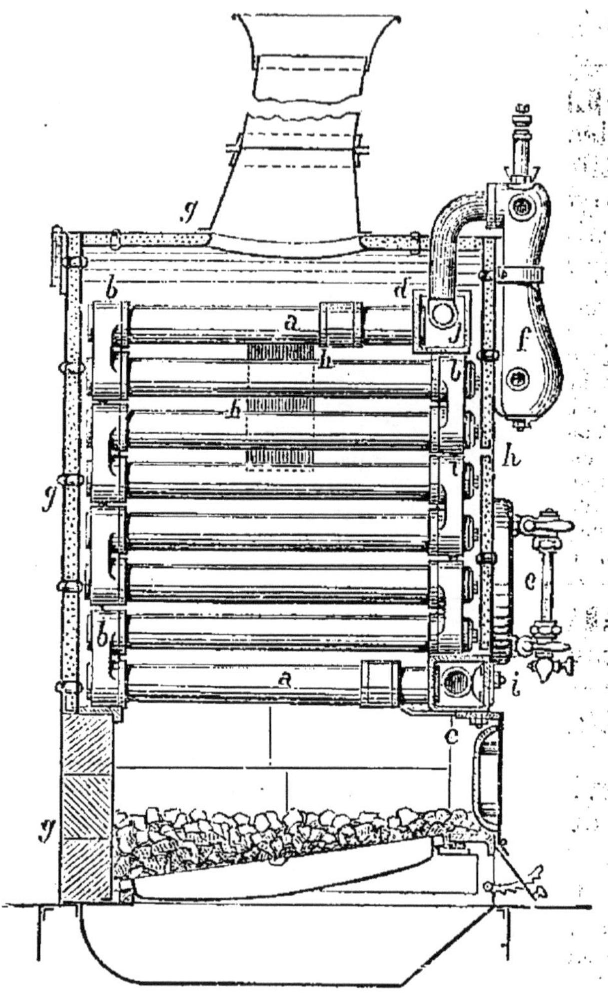

Figure spécimen du *Guide pratique de l'Ouvrier mécanicien*.

Principales divisions de l'ouvrage: Arithmétique. — Algèbre pratique. — Géométrie pratique. — Mécanique élémentaire, forces, transformation des mouvements, résistance des matériaux. — Machines motrices à air, pompes, machines hydrauliques. — Machines à vapeur; de la chaleur, de la vapeur, condensateur, chaudières, données et renseignements divers.

Vingt-cinq tables numériques complètent les données pratiques sur les questions d'application. L'atlas comprend 52 planches.

MÉCANIQUE (*Introduction à l'étude de la*), par Louis Du Temple, capitaine de frégate en retraite. 1 volume. — En préparation. —

MÉDECINE USUELLE (Voir Hygiène et Médecine usuelle, page 38).

MÉTALLURGIE (*Guide pratique de*), ou exposition détaillée des divers procédés employés pour obtenir des métaux utiles, précédé du Dictionnaire des mots techniques employés en métallurgie et de l'essai de la préparation des minerais, par D. L., 1 volume avec 8 planches in-4 gravées sur cuivre comprenant plus de 100 figures .   4 fr.

EXTRAIT DE LA TABLE DES MATIÈRES : Définition et aperçu de l'histoire de la métallurgie. — Vocabulaire des mots techniques métallurgiques. — PREMIÈRE PARTIE. — *De l'essai des minerais.* — Des essais mécaniques par la voie sèche, la voie humide, d'or, d'argent, de platine, de fer, de cuivre, de zinc, d'étain, de plomb, de plomb argentifère par la coupellation, de mercure, d'antimoine, d'arsenic, de bismuth. — DEUXIÈME PARTIE. — *De la préparation et du traitement des minerais.* — I. De la préparation des minerais ; triage, criblage, bocardage, lavage, grillage. — II. Traitement métallurgique des minerais d'or, d'argent, de platine, de fer, de cuivre, de zinc, d'étain, de plomb, de mercure, antimoine, arsenic, bismuth, etc. — Préparation mécanique. — Amalgamation, etc., etc.

MÉTAUX ALCALINS (Voir Aluminium et Métaux alcalins, page 15).

MÉTÉOROLOGIE AGRICOLE (*Manuel de*) appliquée aux travaux des champs, à la physiologie végétale et à la prévision du temps, par F. Canu, météorologiste-publiciste et Albert Larbalétrier, diplomé de l'École de Grignon, sous-directeur à la ferme-école de la Pilletière, 1 volume avec 3 figures et de nombreux tableaux. .   2 fr.

Extrait de la table des matières : *Notions préliminaires.* — *Chaleur :* Action de la chaleur sur le sol, échauffement, dessèchement, action de la chaleur sur la plante, évolution, action physique. — *Lumière :* Production de la chlorophylle, assimilation, transpiration, lumière du sol. — *Humidité de l'air.* — *Brouillard et rosée.* — *Pluie.* — *Froid.* — *Gelées.* — *La neige.* — *Vents.* — *Électricité.* — *Grêle.* — *Les éléments de l'air et le sédiment.* — *Instructions météorologiques.* — *Prévision du temps :* Prévision à longue et à courte échéance, prévisions des gelées nocturnes. — *Tableaux divers.*

MÉTIERS MANUELS (*Le livre des*), répertoire des procédés industriels, tours de main et ficelles d'atelier, recettes nouvelles et inédites, méthodes abréviatives de travail recueillies en vue de permettre aux amateurs, manufacturiers, ouvriers des petites villes et des campagnes d'exécuter aussi bien que les ouvriers spécialistes de Paris tous les travaux usuels d'une utilité journalière, par J.-P. Houzé. 1 volume avec 5 planches hors texte comprenant de nombreux dessins techniques . . . . . . 5 fr.

MINÉRALOGIE USUELLE (*Guide pratique de*).

Exposition succincte et méthodique des minéraux, de leurs caractères, de leur composition chimique, de leurs gisements, de leur application aux arts et à l'industrie, par M. Drapiez. 1 volume . . . . 3 fr.

A la lucidité des définitions et à la simplicité de la méthode d'exposition, ce guide joint un mérite qui n'échappera pas aux hommes pratiques ; il contient la description des 1,500 espèces minérales dont il analyse les caractères distinctifs, la forme régulière et la forme irrégulière, les propriétés particulières, les compositions chimiques et les synonymies, les gisements, les applications dans les arts, dans l'industrie, etc.

MINÉRALOGIE APPLIQUÉE (*Guide pratique de*),

histoire naturelle inorganique ou connaissance des combustibles minéraux, des pierres précieuses, des matériaux de construction, des argiles céramiques, des minerais manufacturiers et des laboratoires, des minerais de fer, de cuivre, de zinc, de plomb, d'étain, de mercure, d'argent, d'antimoine, d'or, de platine, etc., par A.-F. Noguès, professeur de sciences physiques et naturelles. 2 volumes avec 248 figures. 10 fr.

Cet ouvrage a été écrit principalement pour les personnes qui désirent acquérir des notions justes, pratiques et usuelles sur les minerais métallifères et les minéraux employés dans les arts et l'industrie. Les étudiants qui suivent les cours des Facultés, les élèves des Ecoles spéciales et industrielles, les ingénieurs, les élèves des Écoles des mines, les mineurs, les agriculteurs, les directeurs d'exploitations minières, les gardes-mines, les amateurs et les gens du monde qui voudront acquérir des connaissances pratiques en minéralogie, le consulteront avec fruit.

Ce guide a été conçu dans un esprit essentiellement pratique et industriel. M. Noguès, en publiant cet ouvrage, a voulu offrir au public le cours de minéralogie qu'il professe avec tant de succès à l'Ecole centrale des arts et manufactures de Lyon. — Nous ne donnons pas ici la table des matières contenues dans l'œuvre de M. Noguès, elle est trop considérable, mais nous indiquerons le titre des chapitres.

I. Définitions des termes et généralités. — II. Caractères géométriques des minéraux ou cristallogie. — Cristallogie comparée ou morphologie minérale. — Cristallogénie. - Caractères physiques, chimiques et géologiques des minéraux. — Classification des minéraux. Description des espèces minérales. —Appendice au carbone. — Organolithes. — Classifications.

N

NATURALISTE (*Manuel du*).—Zoologie—par AGASSIZ et GOULD. Traduit par Élisée Reclus. 1 volume. — **En préparation.** —

O

OCTROIS (*Nouveau manuel des*), par E. LAFFOLAY, inspecteur de l'octroi en retraite. 1 volume avec tableaux . . . . 4 fr.

Observations concernant la rédaction des procès-verbaux. — Formulaire pour la rédaction des procès-verbaux les plus usuels en matière d'octroi, en matière de contributions indirectes et d'octroi et en matière de contributions indirectes inclusivement.

OIES et **CANARDS** (*Guide pratique de l'éducation lucrative des*), par MARIOT-DIDIEUX, vétérinaire. 1 volume. . . . . 2 fr. 50

Les ouvrages de M. Mariot-Didieux sont au premier rang parmi ceux qu enrichissent notre bibliothèque. Aussi voulons-nous, pour en mieux faire ressortir le mérite, donner ici le sommaire des principaux chapitres.

1° *L'oie*. — Histoire naturelle. — Races françaises, petite race, grosse race et leurs variétés au nombre de cinq. Races étrangères; elles sont au nombre de douze.— Produits de l'oie, du plumage, de la multiplication, des accouplements, de la ponte, de l'incubation. — Eclosion, nourriture des oisons, nourriture ordinaire des oies. — Logement. — Engraissement. — Foies gras. — Manière de tuer les oies. — Commerce, vente, mégissage des peaux d'oies pour fourrures, — Maladies, hygiène.

2° *Du Canard*. — Histoire naturelle, mœurs. — Races françaises; elles sont au nombre de quatre. — Races étrangères, on en compte onze principales. — De la ponte. Manière d'augmenter la ponte. — De l'incubation naturelle. — Des canards mulets. — Nourriture et élevage des canetons, engraissement. — Vente des canetons. — Comment on doit tuer le canard. — Du plumage. — Habitation. — Maladies. — Hygiène, etc.

OSTRÉICULTEUR (*Guide pratique de l'*), ou Culture des huîtres et procédés d'élevage et de multiplication des races marines comestibles, histoire naturelle des mollusques et des crustacés. — Causes du dépeuplement progressif des bancs d'huîtres. — Industrie et procédés actuels. — Construction des claires, parcs, viviers, etc. — Exploitation des claires. — Culture des moules. — Élevage des homards, langoustes, etc., par Félix FRAICHE, professeur de sciences mathématiques et naturelles. 1 volume avec figures dans le texte . . . . 3 fr.

Les chemins de fer et la navigation, en diminuant les distances, ont créé pour les races marines comestibles des débouchés qui leur avaient manqué jusqu'alors. De là et d'autres causes que M. Fraiche indique, l'appauvrissement des bancs d'huîtres. L'auteur, qui s'est inspiré des travaux de M. Coste, démontre que l'ostréiculture est une industrie facile à créer et à développer, et qui donne des résultats rémunérateurs à ceux qui savent l'exploiter.

Figure spécimen du *Guide de l'Ostréiculteur*.

P

PAPIER et du **CARTON** (*Guide pratique de la fabrication du*), par A. PROUTEAUX, ingénieur civil, ancien élève de l'École centrale des arts et manufactures, ancien directeur de papeterie. Nouvelle édit. 1 volume avec 8 planches.   4 fr.

EXTRAIT DE LA TABLE DES MATIÈRES. — Historique. — Matières premières. — Fabrication : triage, délissage, blutage, lavage et lessivage, défilage, égouttage, blanchiment, raffinage, collage, matières colorantes, travail de la machine à papier, de l'apprêt. — Fabrication du papier à la cuve ou à la main. — Classification des papiers. — Diverses substances propres à la fabrication du papier. — Papier de paille, papier de bois, papier d'alfa. — Papiers spéciaux. — Analyse chimique des matières employées en papeterie. — Matériel d'une papeterie. — Prix de revient, personnel, administration d'une papeterie. — Fabrication du carton. — Fabrication du papier en Chine et au Japon. — Considérations économiques. — Principaux brevets d'invention français relatifs à l'industrie du papier. — Prix des appareils et des principales matières employées en papeterie.

PARFUMEUR (*Guide pratique du*), dictionnaire raisonné des **cosmétiques et parfums**, contenant : la description des substances employées en parfumerie, les altérations ou falsifications qui peuvent les dénaturer, etc., les formules de plus de 500 préparations cosmétiques, huiles parfumées, poudres dentifrices dilatoires, eaux diverses, extraits, eaux distillées, essences, teintures, infusions, esprits aromatiques, vinaigres et savons de toilette, pastilles, crèmes, etc., par le docteur B. LUNEL. 1 volume rédigé sous forme de dictionnaire avec un appendice. . . . . 4 fr.

La parfumerie est une industrie qui, bien comprise et loyalement faite, se rattache d'un côté à l'hygiène et de l'autre est destinée à satisfaire des goûts et des sensations commandées par le luxe et une civilisation plus ou moins avancée.

M. Lunel divise la fabrication en trois classes : fabrique de parfumerie à bon marché, fabrique dont les produits sont coûteux, et enfin les fabriques mixtes, dans les vastes magasins desquelles on trouve aussi bien les produits ordinaires que les produits extra-fins.

M. Lunel donne des renseignements précieux sur toutes ces préparations, et son livre a cela de précieux qu'il donne toutes les formules et les secrets de la fabrication.

PERSPECTIVE (*Théorie pratique de la*). Étude à l'usage des artistes peintres, des élèves des Écoles des beaux-arts, des Écoles industrielles, etc., par V. PELLEGRIN, peintre. 1 volume avec 42 figures et 1 planche de 16 figures. . . . . 4 fr.

PHYSIQUE (* *Introduction à l'étude de la*), par Louis Du Temple, capitaine de frégate en retraite. 1 volume avec 146 figures. 2ᵉ édition . . . . 4 fr.

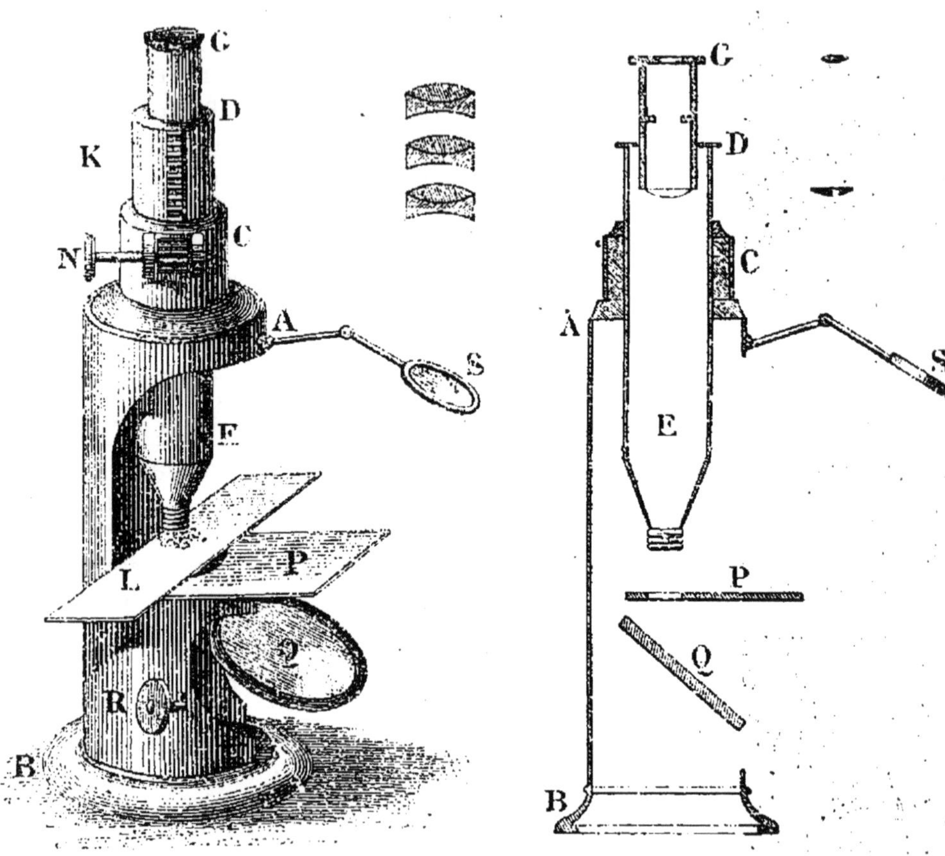

Figure spécimen de l'*Introduction à l'Étude de la physique.*

Sommaire des principaux chapitres : *Quelques définitions de chimie* : Éléments qui entrent dans la composition des corps. — Nomenclature chimique. — *Introduction.* — *La Force :* Pesanteur. — Actions moléculaires. — *Calorique et Chaleur :* Température. — Mode de propagation de la chaleur. — Changement d'état des corps par la chaleur. — *Lumière.* — Réflexion de la lumière. — Réfraction. — Décomposition et recomposition de la lumière. — Applications diverses des phénomènes de la lumière. — Lunettes. — *Sons.* — Propagation. — Réflexion. — Vibration. — *Électricité.* — *Électro-Magnétisme.* — *Electro-Chimie.*

PHOTOGRAPHIE (*L'étudiant*), traité pratique de photographie à l'usage des amateurs, avec les procédés de MM. Civiale, Bacot, Cavelier, Robert, par A. CHEVALIER. 1 volume avec 68 figures . . . . 3 fr.

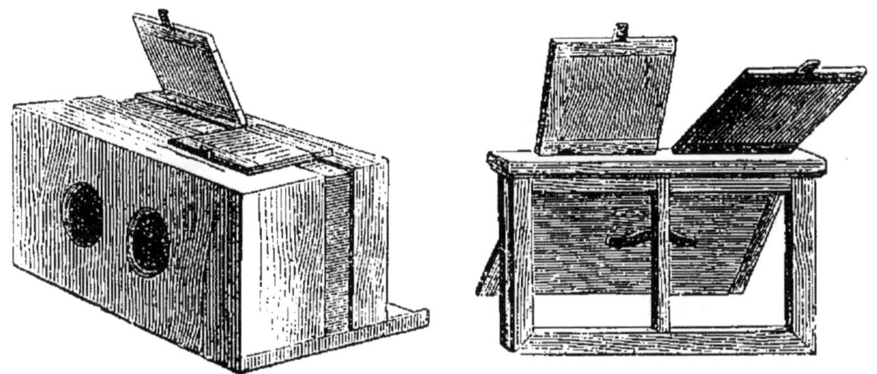

Figure spécimen de l'*Étudiant photographe*.

Ce livre est un manuel simplifié de photographie. Il sera utile à tous ceux qui voudront s'occuper des moyens de reproduire la nature à l'aide de la lumière. Comme son titre l'indique, c'est le livre de l'étudiant, et certes nous n'avons, en le livrant à la publicité, qu'un seul désir, celui d'être utile. Nous sommes sûrs des procédés indiqués, car nous avons dû expérimenter nous-mêmes celui relatif au collodion humide.

PIERRES PRÉCIEUSES (Voir Joaillier, page 40).

PLANTES FOURRAGÈRES (*Guide pratique pour la culture des*), par A. GOBIN, ancien élève de l'École de Grand-Jouan, ancien directeur de la colonie pénitentiaire du Val-d'Yèvres (Cher).

Première partie. — **PRAIRIES NATURELLES, PATU-RAGES**, avec un appendice reproduisant la loi du 21 juin 1866 sur les associations agricoles. 1 volume avec de nombreuses figures. . . . . 3 fr.

Figure spécimen du *Guide pratique pour la culture des Plantes Fourragères*.

Deuxième partie. —**PRAIRIES ARTIFICIELLES, PLANTES, RACINES**, 1 volume avec 87 figures . . . . 3 fr.

Figure spécimen du *Guide pratique pour la culture des plantes fourragères.*

Les fourrages sont la base de toute culture, et il est admis aujourd'hui, par tous les agriculteurs intelligents, que pour avoir du blé il faut faire des prés. M. Gobin, guidé par sa grande expérience, a voulu rédiger un guide tout pratique indiquant tout ce qui doit être observé pour obtenir les meilleurs résultats et éviter les dépenses inutiles : mais, comme il le dit dans sa préface, si le titre même de son livre lui a fait une loi de se restreindre à la culture des plantes fourragères et de s'abstenir de considérations scientifiques inutiles au but qu'il poursuit, il ne s'est pas interdit les applications pratiques des sciences, en tant qu'elles se rapportent à l'explication des phénomènes ou à l'amélioration des méthodes de culture. « C'est là, en effet, dit-il, ce que nous entendons par la pratique, et non point seulement la routine manuelle, qui consiste à savoir tenir les mancherons de la charrue, charger une voiture de gerbes ou manier la faux, celle-ci suffit à un ouvrier, celle-là est nécessaire au moindre cultivateur intelligent. »

Ce guide peut être considéré comme le résumé des leçons professées avec tant de succès par M. Gobin à l'*Ecole de Grignon.*

PONTS ET CHAUSSÉES et de l'Agent voyer (*Guide pratique du Conducteur des*). Principes de l'art de l'ingénieur, comprenant : plans et nivellements, routes et chemins, ponts et aqueducs, travaux de construction en général et devis, par F. BIROT, ingénieur civil, ancien conducteur des ponts et chaussées. 4° édition, revue et augmentée.

Première partie. — **ROUTES.** — 1 vol. accompagné de 12 planches doubles, contenant 99 figures . . . . 4 fr.

Deuxième partie. — **PONTS.** — 1 vol. accompagné de 8 planches doubles, contenant 44 figures . . . . 4 fr.

Nous allons donner un extrait de la table des matières de ces volumes, devenus le *vade-mecum* des agents des ponts et chaussées.

Première partie. — *Chap. Ier.* — Tracé et mesure des lignes. Arpentage proprement dit. Mesure des angles. Levé à l'échelle. Instruments. — *Chap. II.*

Objets du nivellement. Niveaux de différents systèmes. Stadia. — *Chap. III.* Classification des routes. Projets. De la forme générale des routes. Tracé des courbes. Tables diverses. — *Chap. IV.* Construction des chaussées. Entretien des routes. Déblais et remblais.

Deuxième partie. — *Chap. I.* Ponts et aqueducs. Ponceaux. Murs de soutènement. Parapets. Voûtes biaises. Sondages. Pieux. Pilotis. Palplanches. Enrochements. — *Chap. II.* Des cintres et des ponts en charpente. — *Chap. III.* Études des matériaux employés dans les constructions. — *Chap. IV.* Du métrage et du devis. Avant-métré d'un aqueduc, d'un ponceau, etc.

L'auteur a terminé par le programme d'admission pour l'emploi de conducteur.

PORCHERIES (Voir Habitations des animaux, page 37).

POTASSES (*Guide pratique pour reconnaître et pour déterminer le titre véritable et la valeur commerciale des*), des **SOUDES**, des **CENDRES**, des **ACIDES** et des **MANGANÈSES**, avec neuf tables de déterminations, traduit de l'allemand par le docteur G.-W. BICHON, ancien élève de M. Justus Liebig, nouvelle édition, augmentée de notes, tables et documents, par R. FRÉSÉNIUS et le Dr WILL, docteurs, assistants et préparateurs au laboratoire de Giessen. 1 volume avec figures................................. 2 fr.

Le livre de MM. Frésénius et Will est le résultat des précieuses recherches auxquelles se sont livrés ces deux savants chimistes étrangers ; c'est avec beaucoup de pénétration et de succès qu'ils sont parvenus à perfectionner les méthodes d'essais relatifs aux potasses, soudes, acides et manganèses.

POUDRES ET SALPÊTRES (*Guide pratique de la fabrication des*), avec un appendice par le major STEERK sur les *feux d'artifice*, par M. SPILT. 1 volume avec de nombreuses figures dans le texte............. 6 fr.

Dès les premières lignes de ce livre, on s'aperçoit que l'auteur est un homme compétent dans la matière qu'il traite, et qu'à l'étude dans le laboratoire, le major Steerk a joint l'expérience en grand. Dans ses données, tout est rigoureusement exact, et on peut accepter l'auteur comme guide, sans craindre de se tromper.

L'appendice sur les feux d'artifice résume en quelques pages les notions nécessaires pour la confection de ces feux.

Sommaire des chapitres. — *Première partie :* Soufre, salpêtre, bois. — Charbon : carbonisation par distillation, par vapeur, analyses des charbons. — Poudres : poudres de guerre, poudres de mine, poudres du commerce extérieur et poudres de chasse. — Épreuves. — Combustion des poudres, dosages, analyses

Deuxième partie : Feux d'artifice. — Historique, matières premières, produits chimiques, outils, cartonnages, cartouches, feux qui produisent leur effet sur le sol, feux qui le produisent dans l'air, sur l'eau, etc., feux de salon, feux de théâtre. Confection des principales pièces d'artifice.

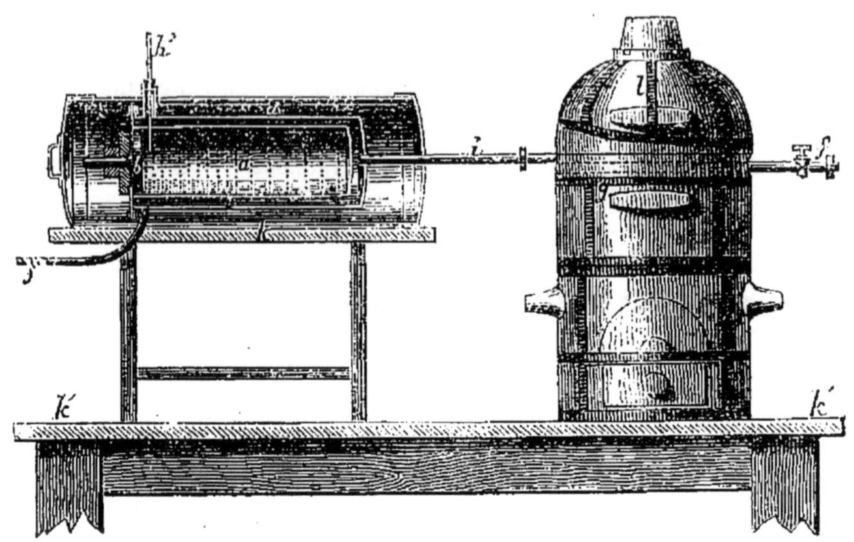

Figure spécimen du *Guide de la fabrication des poudres et salpêtres.*
(Voir page 54.)

POULES (*Éducation lucrative des*), ou traité raisonné de gallinoculture, par MARIOT-DIDIEUX, vétérinaire en premier aux remontes de l'armée, membre et lauréat de plusieurs sociétés savantes. 1 volume . . . . 3 fr. 50

L'éducation, la multiplication et l'amélioration des animaux qui peuplent les basses-cours ont fait depuis une quinzaine d'années de notables progrès. Répondant à un besoin de l'économie domestique, l'auteur de ce guide pratique a voulu faire un traité complet de gallinoculture dans lequel, après des considérations historiques, anatomiques et physiologiques sur les poules, il décrit les caractères physiques et moraux de quarante-deux races, apprend à faire un choix parmi ces races si diverses et indique les moyens de conservation et de multiplication des individus. Des chapitres spéciaux sont consacrés aux maladies, à la pharmacie gallinée, à la statistique des poules et des œufs de la France, etc.

Les ouvrages de M. Mariot-Didieux sont au premier rang parmi ceux qui enrichissent notre bibliothèque. Aussi voulons-nous, pour en mieux faire ressortir le mérite, donner ici le sommaire des principaux chapitres :

Gallinoculture. — De la poule, son antiquité, son utilité, expositions, concours, anatomie, considérations physiologiques, des sensations, voix du coq, voix de la poule. — Choix des races. — Signes extérieurs de la ponte. — Considérations sur les races de poules. — Races françaises, hollandaises, belges, anglaises, espagnoles, italiennes, prussiennes. — Races asiatiques, indiennes, japonaises, indo-chinoises. — Races syriennes, africaines, américaines. — Races de l'Océanie. — Du croisement des races. — Dépenses et produits de la poule. — Du poulailler, de la cour, des œufs. Moyens de reculer, d'augmenter ou d'avancer la ponte. — Fécondation du coq. — Castration ou chaponnage des coqs. — De l'incubation. — Elevage des poulets. — Maladies des poules. — De la saignée. — Pharmacie. — Vente des produits, etc.

R

ROSEAU (Voir Saule, page 55).

ROUES HYDRAULIQUES (*Traité de la construction des*), contenant tous les systèmes de roues en usage, les renseignements pratiques sur les dimensions à adopter pour les arbres tournants, les tourillons, les bras de roues hydrauliques, etc., etc., par Jules LAFFINEUR. 1 volume avec de nombreux tableaux et 8 planches. . . . . . 3 fr. 50

L'auteur démontre dans sa préface que le perfectionnement des machines motrices des usines est à la fois une nécessité d'intérêt général et privé. Dans son ouvrage, il recherche et il définit les principales conditions à remplir sous ce rapport, et il donne ensuite tous les détails relatifs à la construction des roues hydrauliques dans les meilleures conditions possibles.

Fidèle à la méthode qui lui est propre, M. Laffineur s'est surtout attaché à se faire comprendre par la simplicité des termes employés et par les nombreux exemples qu'il donne.

Les planches sont d'une grande netteté ; elles représentent tous les systèmes de roues en usage, roues à palettes, roues pendantes, roues en dessous et à aubes courbes, roues à augets, roues horizontales, roues à niveau constant, frein dynamométrique, etc.

ROUTES (Voir Ponts et Chaussées, page 53).

S

SALPÊTRES (Voir Poudres, page 54).

SAULE (*Guide pratique de la culture du*) et de son emploi en agriculture, notamment dans la création des oseraies et des saussaies, avec un appendice sur la culture du roseau, par M.-J. KOLTZ, chevalier de l'ordre R. G. D. de la Couronne de chêne, agent des eaux et forêts, etc. 1 volume avec 35 figures dans le texte . . . . 2 fr.

Ce travail a pour objet de faire ressortir les avantages que procure la culture du saule dans les terrains qui lui conviennent, et qui, le plus souvent, ne peuvent être rendus productifs qu'à l'aide de cette essence ; M. Koltz donne donc le moyen de mettre en produit des terrains vagues. Dans certains parages, le roseau commun forme le complément obligé de l'osier ; l'appendice que M. Koltz a consacré à cette plante renferme des détails intéressants, surtout pour les propriétaires de terrains aujourd'hui tout à fait improductifs.

SCIENCES PHYSIQUES (*Éléments des*), appliquées à l'agriculture ; ouvrage divisé en deux parties, par A.-F. POURIAU, docteur ès sciences, ancien élève de l'École centrale, professeur à l'École d'agriculture de Grignon.

Chaque partie se vend séparément.

Première partie. **CHIMIE INORGANIQUE**, suivie de l'étude des marnes, des eaux, et d'une méthode générale pour reconnaître la nature d'un des composés minéraux intéressant l'agriculture ou la médecine vétérinaire. 1 volume avec 153 figures dans le texte et tableaux. . . 7 fr.

Deuxième partie. **CHIMIE ORGANIQUE**, comprenant l'étude des éléments constitutifs des végétaux et des animaux, des notions de physiologie végétale et animale, l'alimentation du bétail, la production du fumier, 1 volume avec 65 figures dans le texte et tableaux. . . . . 7 fr.

Figure spécimen des *Éléments des sciences physiques*.

M. Pouriau, aujourd'hui professeur et sous-directeur à l'École d'agriculture de Grignon, a été nommé secrétaire général de la Société d'agriculture de Lyon, à l'élection. Voilà quelques-uns des titres du savant professeur ; quant à ses ouvrages, ils sont promptement devenus classiques et ils sont en même temps consultés avec fruit par tous les agriculteurs, les propriétaires, les gentils-hommes-fermiers et par tous les gens d'étude et les gens du monde. Pour cette dernière classe de lecteurs, nous citerons le passage de la préface qui indique que cet ouvrage a été en partie rédigé à leur intention :

« Mais, d'autre part, je conseille aux gens du monde, que de semblables détails ne peuvent que médiocrement intéresser, de laisser de côté ces paragraphes, pour reporter leur attention sur les autres chapitres.

« Enfin, toujours guidé par le désir de satisfaire aux besoins de chaque classe de lecteurs, j'ai indiqué, *en note et séparément*, la préparation des principaux corps étudiés, parce que cette branche du cours ne saurait être utile qu'à ceux en position de faire quelques manipulations.

« Si les amis de la science agricole me prouvent, par un accueil bienveillant fait à mon livre, que j'ai suivi la bonne voie, je leur en témoignerai ma reconnaissance en leur offrant successivement les autres parties de mon enseignement. »

SERRURERIE (*Nouveaux Barêmes de*), par E. ROULAND, 1 volume . . . . 4 fr.

EXTRAIT DE LA TABLE DES MATIÈRES. — *Balcons* en barreaux de fer rond avec ou sans ornements, en barreaux de fer plats, en barreaux de fer carré. — *Grilles fixes* en barreaux de fer rond avec ou sans petits barreaux, avec ou sans ornements. — *Grilles ouvrantes* à deux vantaux avec ou sans petits barreaux, avec ou sans ornements. — *Portes* à un vantail et à deux vantaux en fer à T avec panneaux tôle. — *Poids des fers*, fers plats, carrés, ronds, T et cornières double T. — *Poids des tôles*.

SOUDES (Voir Potasses. page 54).

SUCRES (*Guide pour l'essai et l'analyse des*), indigènes et exotiques, à l'usage des fabricants de sucre. Résultats de 200 analyses de sucres classés d'après leur nuance, par E. MONIER, ingénieur chimiste, ancien élève de l'École centrale des arts et manufactures, 1 volume avec figures dans le texte et tableaux . . . . 3 fr.

L'auteur, après avoir rappelé les propriétés générales des substances saccharifères, donne les méthodes les plus simples qui permettent de doser avec précision ces mêmes substances. Quelques notes sur l'altération et le rendement des sucres soumis au raffinage terminent le travail de M. Monier, dont M. Payen a fait un éloge mérité devant l'Académie des sciences.

T

TEINTURIER (*Guide du*), manuel complet des connaissances chimiques indispensables à la pratique de la teinture, par Frédéric FOL, chimiste. 1 volume avec 91 figures dans le texte. . . . . 8 fr.

En publiant cet ouvrage, l'auteur s'est proposé de répandre dans la population ouvrière qui s'occupe des travaux de teinture, les connaissances nécessaires des sciences sur lesquelles est basée cette industrie.

TÉLÉGRAPHIE ÉLECTRIQUE (*Guide pratique de*), ou *Vade-mecum* pratique à l'usage des employés des lignes télégraphiques, suivi du programme des connaissances exigées pour être admis au surnumérariat dans l'administration des lignes télégraphiques, par B. MIÉGE, directeur de lignes télégraphiques. 1 volume avec 45 figures dans le texte.. . . . . 2 fr.

M. Miége n'a pas voulu faire seulement un livre utile, mais bien un guide indispensable. Aux notions préliminaires sur le magnétisme, les différentes sources d'électricité et les propriétés des courants, succède la description de tous les appareils usités, avec l'indication des signaux généralement adoptés

Des formules d'une grande simplicité permettent de se rendre compte de l'intensité des courants et de rechercher la cause des dérangements.

TERMES TECHNIQUES (✳* *Dictionnaire des*) de la science, de l'industrie, des lettres et des sciences, par A. SOUVIRON, professeur de technologie et d'histoire naturelle à l'Association polytechnique. 1 volume . 6 fr.

TISSUS (*Manuel du commerce des*). — En préparation.

✳*TRANSMISSIONS DE LA PENSÉE ET DE LA VOIX, par Louis DU TEMPLE, capitaine de frégate en retraite. 2ᵉ édit. 1 volume avec 62 figures. . . . 4 fr.

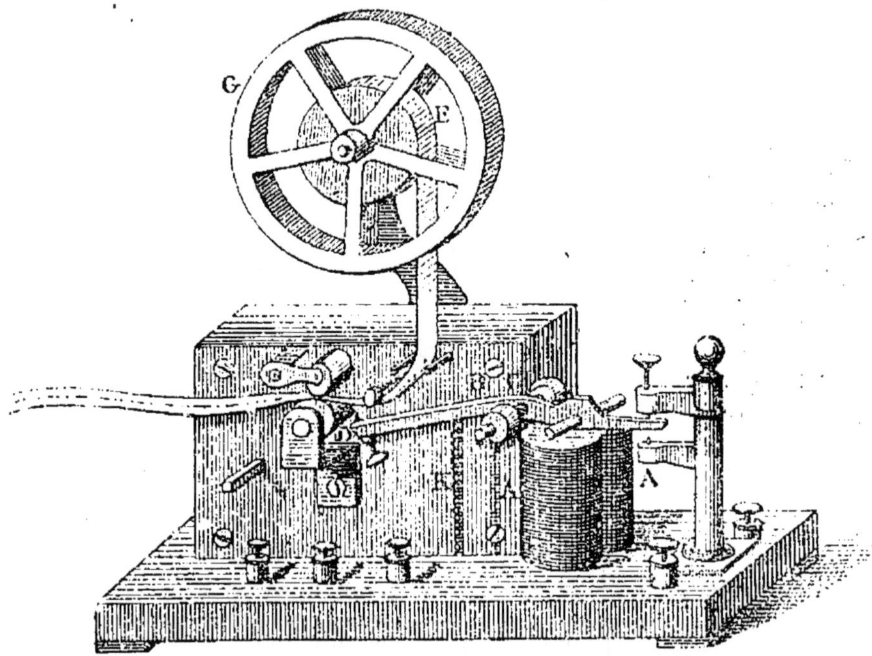

Figure spécimen de la *Transmission de la pensée et de la voix.*

SOMMAIRE DES PRINCIPAUX CHAPITRES : *Organe de la vue et moyens employés pour la corriger.* — Structure de l'œil. — Marche des rayons lumineux dans l'œil. — *Organe de la voix.* — *Organe de l'ouïe.* — Oreille. — Comment l'homme peut diminuer les imperfections de l'ouïe. — *Langage.* — Définition. — Langage écrit. — Grandes inventions modernes. — *Papier.* — Historique. — Fabrication du papier à la main ou papier de cuve. — Fabrication du papier à a mécanique. — Différentes espèces de papier. — *Imprimerie* ou *Typographie.* — Historique. — Gravure. — Lithographie. — Presses typographiques. — Clichage. — Gravure en creux. — Gravure en relief. — *Photographie.* — Historique. — Procédés. — Photographie sur verre. — Préparation du collodion et son emploi. — *Électro-Métallurgie.* — Galvanoplastie. — Appareils galvanoplastiques. — Applications de la galvanoplastie. — — *Télégraphes aériens, pneumatiques, électriques.* — *Téléphone.* — *Phonographe.* — *Aérophone.* — *Postes.*

V

VACHE LAITIÈRE (*Guide pratique pour le choix de la*), par Ernest Dubos, vétérinaire de l'arrondissement de Beauvais, professeur de zootechnie à l'Institut agricole de la même ville. 1 volume avec 7 planches. 2e édition. 2 fr. 50

Les diverses méthodes pour le choix des vaches laitières sont résumées dans ce livre. Les agriculteurs et les éleveurs y trouveront l'indication des signes qui peuvent les guider pour la conservation et l'acquisition des animaux qui conviennent le mieux à leurs exploitations. — Les figures représentant les diverses races de vaches laitières qui sont remarquables.

Dans le chapitre premier, l'auteur s'occupe de la stabulation, de l'alimentation et du rendement. — Le chapitre deuxième est consacré à l'étude du lait, ses modifications et ses altérations. — Dans les autres chapitres, l'auteur donne des renseignements pour reconnaître les propriétés du lait, le moyen de reconnaître les falsifications, les qualités exigées de la servante de ferme et la manière de traire. — Dans les chapitres sixième et septième, il indique les caractères et les méthodes qui peuvent guider dans le choix des meilleures vaches laitières.

VERNIS (*Guide pratique de la Fabrication des*), nouvelle édition, revue, corrigée et complètement refondue,

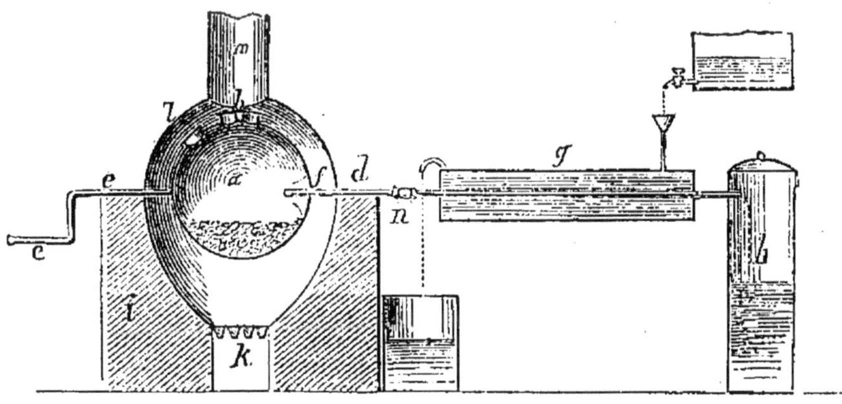

Figure spécimen de la *Fabrication des Vernis*.

de l'ouvrage de M. Tripier-Devaux, par H. Violette, ancien élève de l'Ecole polytechnique, commissaire des poudres et salpêtres, membre de plusieurs sociétés savantes. 1 volume avec figures dans le texte . . . . . . 6 fr.

Extrait de la préface. — Les vernis ne sont autres que des solutions de résines dans certains liquides. Ces liquides, qui sont ordinairement l'*éther*, l'*alcool*, l'*essence de térébenthine* et les *huiles*, donnent aux vernis qui en résultent des propriétés caractéristiques qui en déterminent l'usage. Cette désignation des liquides nous permet de diviser les vernis en quatre classes. — Vernis à l'éther. — Vernis à l'alcool. — Vernis à l'essence. — Vernis gras.

Cette division sera celle des quatre chapitres composant notre ouvrage : nous examinerons chaque classe successivement ; cet examen comprendra : 1o les propriétés physiques et chimiques, ainsi que la préparation du liquide employé à dissoudre les résines de cette classe ; 2o les propriétés physiques et chimiques, ainsi que l'origine des résines employées dans cette catégorie ; 3o la fabrication proprement dite des vernis, par le mélange des résines et liquides précédemment étudiés.

VIDANGE AGRICOLE (*Guide pratique de la*), à l'usage des agronomes, propriétaires et fermiers. Richesse de l'agriculture. Description de moyens faciles, économiques, salubres et pratiques, de recueillir, de désinfecter et d'employer utilement en agriculture l'engrais humain, par J.-H. TOUCHET, chef de service à la compagnie Richer, 2o édition, 1 volume avec figures. . . . . 1 fr.

Ce Guide, en ce qui concerne les vidanges et les différentes manières d'employer l'engrais humain, est le résumé des meilleures méthodes pratiquées actuellement. Les fermiers y trouveront tous des indications utiles. M. Touchet enseigne aux agronomes de la grande et de la petite culture des moyens simples et peu coûteux de se procurer de riches fumiers, richesses trop souvent négligées et perdues pour l'agriculture.

VIGNE (*La*) et ses maladies, contenant les causes et effets morbides depuis l'origine de sa culture jusqu'à nos jours, avec les moyens à employer pour les prévenir et les combattre. Précédé d'une description historique et botanique de cette plante précieuse, ainsi que d'une causerie sur l'oïdium et le phylloxera, par SERIGNE (de Narbonne), membre de plusieurs sociétés savantes. 1 volume. . 3 fr.

SOMMAIRE DES PRINCIPAUX CHAPITRES. — Description historique. — Description botanique. — L'oïdium et le phylloxera. — Description historique de l'oïdium. — Maladies de l'oïdium. — Concours pour la guérison de l'oïdium. — Opinions émises sur l'oïdium. — L'oïdium est-il la cause de la maladie ? — Remède adopté contre la maladie. — Effets du soufrage. — Causes réelles de la maladie. — Températures favorables ou nuisibles. — Influence des saisons et des météores. — Blessures ou plaies, blanquet ou pourridié, coulure, carniure, chancre vitifère, clavelée, chlorose ou hydroémie, décrépitude, flottage, grapillure, nielle, goule, stérilité. — Maladie des feuilles. — Pyrales. — Destruction de la pyrale à l'état de papillon, à l'état de larve ou chenille. — Moyens préventifs et moyens curatifs. — Destruction de la pyrale à l'état d'œuf, etc.

VIGNERONS (*L'immense Trésor des*) et des **Marchands de Vin**, indiquant des moyens inédits pour vieillir instantanément les vins, leur enlever les mauvais goûts, même celui de terroir, colorer les vins blancs en rouge Narbonne, même d'une manière hygiénique et sans aucun coupage, éviter leur dégénérescence, partant, plus de vins aigres, amers, gras ou poussés; découverte d'un agent supérieur à l'alcool pour le maintien, la conservation et l'expédition lointaine des vins, par L.-F. DUBIEF, 3e édition revue, corrigée et considérablement augmentée. 1 volume.   3 fr.

Extrait de la table des matières. — De la connaissance des vins. — Appréciation et dégustation. — De la distinction. — Du mélange ou du coupage. — Du vinage. — Amélioration des vins. — De l'imitation des vins. — De la confection des vins mousseux. — Du vin muet et de ses avantages. — Des vins de liqueurs et de leurs imitations. — Recettes et opérations des vins de liqueurs. — *Méthode du Midi.* — *Méthode de Paris.* — De la conservation des vins en fûts pleins et en vidange. — Du soufrage ou méchago. — Du collage pour la clarification. — Arome, sève, bouquet et goût de terroir. — Du gouvernement et de la conservation des vins. — De la mise en bouteilles. — Des altérations. — Moyen de les prévenir et de les corriger. — Des altérations accidentelles et moyen de les guérir. — Disposition et conservation des tonneaux. — Contenance des fûts. — L'auteur termine son livre par une série de renseignements très utiles.

VIGNERON (✳*Guide pratique du*), culture, vendange et vinification, par FLEURY-LACOSTE, président de la Société centrale d'agriculture du département de la Savoie, membre de plusieurs Sociétés savantes. 1 volume. .   3 fr.

Dans la première partie, l'auteur donne les principes généraux pour la culture de la vigne basse : culture en ligne, orientation, la taille, le pinçage, les engrais, choix des cépages, 1re, 2e, 3e et 4e années.
La seconde partie, intitulée *Calendrier du Vigneron*, lui indique les travaux qu'il a à faire mensuellement. La culture des hautains sur treillages élevés dans les champs, remplit la troisième partie. — Quatrième partie : Nouvelles observations pratiques sur les phénomènes de la végétation de la vigne. — Cinquième partie : De la vendange et de la vinification : degré de maturité. — Du ban des vendanges. — Personnel. — Le nettoyage et l'écrasement des grains. — La cuve. — Le décuvage. — Enfin l'auteur termine en indiquant les soins à donner aux vins nouveaux et vieux.

VIN (*Guide pratique pour reconnaître et corriger les fraudes et maladies du*), suivi d'un traité **d'analyse chimique** de tous les vins, 2e édit., par Jacques BRUN, vice-président de la Société suisse des pharmaciens. 1 volume, avec de nombreux tableaux. . . . . 3 fr.

L'art de falsifier les vins a fait ces dernières années de rapides progrès. La chimie ne doit pas se laisser devancer par la fraude : elle doit lui tenir tête et pouvoir toujours montrer du doigt la substance étrangère. Cette tâche, dit M. Brun, incombe surtout aux pharmaciens. Son livre est le résumé des différents traitements qu'il a trouvés réellement utiles, et qui, dans sa longue pratique, lui ont le mieux réussi pour l'examen chimique des vins suspects.

VINS FACTICES (*Guide pratique de la fabrication des*) et des boissons vineuses en général, ou manière de fabriquer soi-même les vins, cidres, poirés, bières, hydromels, piquettes et toutes sortes de boissons vineuses, par des procédés faciles, économiques et des plus hygiéniques, par L.-F. DUBIEF. 2º édit. 1 volume . . . . 2 fr.

M. Dubief a publié ce petit ouvrage, non seulement pour venir en aide aux personnes économes, mais encore, et plus, pour celles dont l'économie est une nécessité. Si elles suivent les prescriptions qui y sont indiquées, elles peuvent être assurées de bien fabriquer elles-mêmes et avec facilité toutes sortes de vins, bières, cidres, etc. Ainsi, il traite la cuvée des vins de raisin fabriqués avec le marc, avec sirop de sucre, de fécule. — Vin rouge de sucre. — Vin mousseux, de fruits, cerises, prunes, groseilles, etc., etc. — Vins de grains, céréales, etc. — Toutes les formules et les procédés indiqués par l'auteur sont simples et faciles, et il suffit de les avoir lus pour les mettre en pratique.

VINIFICATION (*Traité complet de*) ou art de faire du vin avec toutes les substances fermentescibles, en tout temps et sous tous les climats, par L.-F. DUBIEF. 4e édit. 1 volume . . . . 6 fr.

Volume contenant : Les moyens de remédier à l'intempérie des saisons relativement à la maturité du raisin. Le tableau des phénomènes de la fermentation et le meilleur moyen de la produire et de la diriger; les moyens particuliers de faire fermenter les marcs provenant de l'égrapillage du raisin et refermenter ceux qui ont déjà été fermentés; de procurer au vin plus de qualité par une seconde fermentation; de le vieillir sans faire le coupage, par des procédés simples et faciles; de lui enlever le goût de terroir, comme aussi d'obtenir des marcs de raisin, de l'alcool, de l'huile, de l'acide tartrique, etc. ; *et suivi* : des procédés de fabrication des vins mousseux, des vins de liqueurs, vins de fruits et vins factices, les soins qu'exigent leur gouvernement et leur conservation, les principes pour la dégustation et l'analyse des vins, etc., etc.

VOYAGEURS ET BAGAGES (Voir Exploitation des chemins de fer. page 23).

Le cartonnage toile de chaque volume se paye 0,50 c. en plus des prix indiqués.

TABLE DES NOMS D'AUTEURS
PAR ORDRE ALPHABÉTIQUE